Ventas Hechas Personales

STEPHEN RITCHIE ROWAN

La Guía Completa para Entrenadores & Consultores Independientes

Desde la gestión de la mentalidad hasta la excelencia en la comunicación, cree sistema de ventas sólidos que se alineen con tu identidad profesional.

Este libro enseña a los entrenadores y consultores a cerrar consistentemente al justo cliente con los productos correctos.

ISBN: 978-1-914428-24-1

Diseño y composición tipográfica de páginas por Discover Your Bounce Publishing

DEDICACIÓN

Este libro está dedicado a mis queridos amigos y familiares, los que han sido los pilares de mi fortaleza en mis notables aventuras, los que me inspiran a llevar una vida allá de los límites de lo que se puede considerar ordinario. Vuestro aliento me impulsa hacia adelante y vuestra fe en mí me ayuda a superar cada desafío que me puede bloquear en la vida.

A mis mentores y asociados debo mi más profundo agradecimiento. Habéis ampliado los límites de mi imaginación, empujándome hacia horizontes mucho más emocionantes de lo que imaginé. Descubrí un apasionante mundo de posibilidades a través de vuestra sabiduría y fe.

Y en este gran tapiz de influencias, Frances Hodgson Burnett ocupa un lugar muy especial. Su elocuente prosa ha resonado a lo largo de mi carrera, sus palabras han guiado mis pasos, dando forma a mis decisiones. Su influencia es profunda y deja marcas indelebles en mi trayectoria profesional.

Por lo tanto, este libro no es sólo mío: nos pertenece a todos. Es la culminación de experiencias compartidas, sueños colectivos y búsqueda interminable de una vida menos ordinaria.

Gracias por recorrer este camino conmigo.

ÍNDICE

PRÓLOGO

Qué honor escribir este prólogo para este maravilloso ser humano. Permítame empezar diciendo que si estás buscando potenciar tus habilidades de ventas, desarrollar una mentalidad concreta y generar un impacto en el mundo, estás en el lugar correcto.

He conocido a Stephen por primera vez en 2020, en medio de la pandemia. Incluso con el mundo al revés, su pasión dedicada al suporte a los demás brillaba. Nos unimos por valores compartidos como la lealtad, para ayudar a los demás y divertirnos en el camino.

Desde entonces, he visto a Stephen marcar gol tras gol. Remó 1.000.000 de metros épicos con fines benéficos en 2022, ¡una hazaña que creo que merece más elogios de los que recibió! Y ahora este loco increíble me ha retado a caminar un millón de metros en cuatro meses.

Desafío aceptado, amigo.

Stephen es el verdadero trato cuando hablamos de ventas y mentalidad. Ha trabajado en todos los sectores, desde capacitación y peluquerías hasta escoltas (este tipo tiene algunas historias locas). El conocimiento que ha acumulado a lo largo del camino es invaluable.

Lo que me gusta más de este libro es que proviene de un lugar de moralidad e integridad. Como dice Stephen: "Puedes desempeñar tu trabajo como vendedor con una fuerte dosis de moralidad".

¡Claro que sí! Demasiados libros tratan sobre la manipulación y los egos. Sin embargo, este es muy diferente.

Stephen le explica las estrategias exactas y los sistemas paso a paso que ha utilizado para cerrar innumerables acuerdos. Desde establecer una buena relación hasta superar las objeciones y realizar el seguimiento, es una educación en ventas.

Aún más poderosa es la guía sobre la mentalidad. Stephen es el maestro de la resiliencia y el coraje, construido a través de las experiencias y de las circunstancias increíbles. Si quieres superar todos los obstáculos y acabar con las dudas, empápate de su sabiduría.

He visto personalmente los resultados que logran sus clientes. Ahora es tu turno. Sumérgete en este libro y prepárate para una clase magistral sobre cómo vender con corazón. ¡No seas arrogante una vez que empiezas a convertir prospectos de izquierda a derecha! Tendrás que hablar con Stephen.

¡Aquí está para ti, mi gran amigo!

Permanece hambriento,

Joel Stone x

PREFACIO

Me dirijo directamente a los entrenadores y consultores que sienten un tropiezo, una caída en la confianza o el miedo en torno a la vulnerabilidad de volver a ser el centro de atención.

Avanzando hacia tus objetivos siempre está sobre la mesa, sin importar los obstáculos. Para los optimistas, soñadores y románticos entre nosotros, el camino a menudo revela más problemas de los previstos. Puede que sea más complejo y desafiante de lo que podemos pensar.

En algunas ocasiones, escalar puede parecer una montaña, especialmente cuando se vislumbra a otros que resultan correr hacia delante o atender a una clientela que despierta envidia: la comparación es un adversario intimidante.

Cada día es una oportunidad para avanzar, aunque sea sólo un centímetro. Para probar algo nuevo, aprender algo y arriesgarse. En medio de los días buenos y malos, el aspecto crucial es mantenerse comprometido con tu trabajo, negocio y clientes.

Sé que puede ser difícil cuando lo haces solo.

Sería posible que sientas un remordimiento de soledad en tus luchas; sin embargo, la recompensa al final de este viaje reflejará el valor de cada paso.

Recuerda, el viaje es tuyo y sólo tuyo.

La confianza y el coraje son los motores dobles que lo impulsan hacia adelante en los negocios y en la vida. La narrativa que tejes influye significativamente no sólo en tu desarrollo sino también en la resonancia de cada paso.

Entonces, si hay que contar algo, que sea una historia de triunfo, resiliencia y confianza en uno mismo. Puede que esta no sea una narrativa adecuada para un argumento relativo a la venta y, por supuesto, es posible que te arrojen juicios, burlas e indiferencia, sin embargo en medio de todo esto, el aprecio, la celebración y el reconocimiento lo encontrarán. La narrativa de jugar a lo pequeño, lo seguro o permanecer oculto es un cuento que ya se ha contado diferentes veces.

Sea audaz, valiente y abarca la aventura.

Cada vez que nos ponemos en las redes sociales; extiende una oferta, buscando trabajo o generando confianza, nos acompaña la vulnerabilidad. Acéptala, hazlo con un gran corazón, aportando un gran valor, basado en la noción de que estás ayudando a los demás y sobresaliendo en tu esfuerzo por todas las razones correctas.

Sé que mi libro te servirá como un faro en tu camino, así que sal con valentía y sin miedo, porque perteneces aquí, dejando tu huella positiva en el mundo.

Y pues, si hay personas que desaprueban tus esfuerzos, está bien porque ser tú es tu superpoder.

Además, en mi opinión, ser tú es absolutamente extraordinario.

Mientras que te miras al espejo cada mañana, recuerda que eres un campeón, un aventurero y un alma valiente que emprende un viaje único.

No te deseo nada más que triunfo en tu camino y ten en cuenta, mientras te esfuerzas por lograr un impacto positivo, hay un coro de vítores silenciosos animándote en cada paso del camino.

INTRODUCCIÓN

Para empezar, gracias por elegir este libro. Podrías haber elegido entre miles de títulos. Puede que nunca nos conozcamos, sin embargo gracias desde el fondo de mi corazón por esta decisión.

Vamos a hablar de ventas – lo bueno, lo malo y lo feo. Voy a repasar mis convicciones sobre cómo crear una excelente relación con tus prospectos, cómo satisfacer tus necesidades y, si es la decisión más justa, cómo vender un producto.

Los consultores y entrenadores forman un grupo complejo, interesante, apasionado, sensible y, a veces, obstinado. Este libro te dará una idea y comprensión de la condición humana. Obtendrás confianza y estrategias que podrían ayudarte a alcanzar tu objetivo ético de suportar a las personas.

Hablaremos de preparar el escenario, ganar confianza y entender perfectamente los obstáculos del cliente.

¿Por qué deberías escucharme? Ésa es una pregunta fundamental.
He estado haciendo altas ventas de entradas durante los últimos dos
años. Antes de eso, tuve varios trabajos, desde ejecutivo de ventas para
una empresa de primera línea (el peor trabajo jamás realizado) hasta
oficial de escolta (guardaespaldas) para estrellas del pop, ministros del
gobierno y personas de alto patrimonio neto. Me formé en el servicio al
cliente para un súper brand internacional. Mis funciones han sido
extensas y variadas, sin embargo lo único que todas tienen en común es
que implican vender un producto o servicio al público o a las empresas.

¿Este libro es para mí?

Esa es una pregunta razonable; la respuesta es claro que sí, si quieres
convertirte en un comunicador mejor, tener conversaciones más
significativas y más diversión.

La pregunta más importante es: ¿para quién es este libro?

Este libro está dirigido a los entrenadores y consultores que quieren
mostrar tus servicios y productos con confianza.

Si has enfrentado los desafíos para conectarse con potenciales
clientes, entender sus necesidades y convencerlos de que tus servicios
son adecuados para ellos, este libro es para ti.

Los entrenadores y consultores, por su naturaleza, prosperan y se
entusiasman al ayudar a otros y agregar valor a sus vidas y negocios.
Pueden entrar en conflicto acerca de "intentar" vender su producto por
algún motivo. El espacio de *coaching* y consultoría es raro y único. No
sólo estás vendiendo un producto; sin embargo, también estás
vendiendo una experiencia, ofreciendo solución de problemas. Esta es
una perspectiva única, implicando una confianza, y comunicando cómo

generará cambios positivos y resultados favorables. Sin embargo, oh Dios mío, ¿viene con sus desafíos? Este libro trata propio esos desafíos para explicar de dónde vienen, cómo se pueden superar y más.

"Recuerda. Nunca es un problema, sólo una situación temporal".

Stephen Rowan

Es posible que perciba el desarrollo de buenas habilidades de ventas como una enorme montaña que tiene que escalar en condiciones climáticas adversas y con el equipo y la ropa inadecuados. Este no es el caso. Puede ser una experiencia totalmente diferente si eliges un encantador paseo serpenteante por tu paisaje favorito.

A los entrenadores y consultores les encanta trabajar con sus clientes, pero se sienten reticentes en lo que respecta al proceso de ventas. Saben el destino al que quieren llegar, sin embargo necesitan más confianza para navegar por el terreno.

Como auténtico entrenador o consultor, eres intrínsecamente altruista. Cuando se habla de ventas, el concepto puede parecer extraño e incómodo, lo que te hace dudar en adquirir esta habilidad. Es comprensible. Todos tenemos áreas en las que tenemos menos confianza, como yo con Excel. No soy un fanático porque no es mi fuerte y, francamente, prefiero no dedicar tiempo a algo que me molesta.

La cosa curiosa es que, en los últimos tres meses, empecé a utilizar Excel más frecuentemente y lo odio menos cuanto más lo uso.

En mi opinión, superar un poco de incomodidad es tolerable

siempre que avance.

Entonces, ¿qué debo hacer antes de utilizar Excel? Lo demonicé. Lo subestimé y le dije a la gente que no tenía que hacerlo.

¡Puede que incluso me haya burlado de las personas que disfrutan usándolo!

¿Cuántos de ustedes han demonizado a los vendedores o a las ventas? ¿O dijiste que odias las ventas? Este es un comportamiento absolutamente normal, sin embargo no tiene por qué ser así.

He pasado los últimos tres años trabajando para dos importantes empresas de *marketing digital*, dividiendo mi tiempo entre ventas, desarrollo comercial y estrategia para entrenadores y consultores.

He aprendido mucho de mi experiencia y he notado que algunos de los entrenadores y consultores más talentosos no logran hacer crecer negocios exitosos. Desafortunadamente, muchos se ven frenados por su incapacidad para realizar una llamada de ventas y seguir un sistema estándar para concluir y cerrar más ventas.

Ver a tantos de ellos dudar de sus capacidades, perdiendo la confianza y no logrando desarrollar los negocios que quieren me entristece.

La diferencia entre un negocio exitoso de *coaching* y de consultoría se puede salvar con algunas acciones pequeñas, dedicadas y consistentes.

Y la ventaja es más que el dinero. El dinero es bueno. Me gusta. Todos gustamos el dinero. Elimina el estrés y nos da más libertad. Sin embargo, para mí el principal beneficio es que me da la oportunidad de ayudar a más personas. He ayudado a más personas perfeccionando y compartiendo mis habilidades en las ventas.

Ya tienes tus habilidades y cualificaciones profesionales como entrenador o consultor y te sientes seguro ayudando a las personas. Por un momento, imagina dónde estarías si te sintieras tan seguro y experimentado en ventas.

He escrito este libro para entrenadores y consultores como ti, que desean sentirse seguros al participar en el proceso de ventas. No tiene por qué ser complicado, incómodo y no tiene por qué resultar sórdido o causarte ansiedad.

Este libro tiene la información necesaria para cambiar tu negocio y tu forma de comunicarse. Entonces, si eres un entrenador o consultor que deseas aumentar tus ventas, construir mejores relaciones con tus clientes y perfeccionar tus técnicas de venta, continúa leyendo.

Este libro es perfecto para ti!

¿Quién es Este Chico que Puede Enseñarme sobre Ventas?

He tenido una educación inusual, ¿no es así para todos? Lo más probable es que, si estás leyendo este libro y tienes un negocio, probablemente también seas un poco diferente. No me importa decirte que yo veía las ventas de una manera distinta: los vendedores no eran dignos de confianza. Los programas televisivos retrataban a los vendedores como mentirosos y engañosos. Nunca me ha gustado todo eso, así que inmediatamente me desanimó ese vendedor de autos de segunda mano con cabello grasiento en el Reino Unido.

Teníamos este programa llamado Minder; el personaje central era un vendedor de coches llamado Arthur Daley. Ganaría y perdería dinero a manos llenas. Todo se hizo sin integridad. El otro programa era *Only*

Fools and Horses, donde los personajes eran pícaros más adorables; sin embargo, también siempre vivieron en el umbral de pobreza o cerca de ella. Aunque fue un programa divertido, me hizo pensar que los personajes no tenían estabilidad en la vida. Nunca tuvieron suerte ni éxito. Excepto al final. Después de esa famosa frase: "¡El año que viene Rodney, seremos millonarios!", encontraron ese reloj valorado en millones que había estado en su garaje todo el tiempo.

Eso influyó en mis primeros años y, créanme, ¡no era la carrera en la que pensé que me encontraría o sobre la que escribiría un libro!

Lo que he descrito es típico de cómo se retrata a los vendedores; que se joda el cliente si consigo la venta. Posteriormente estudié marketing y comunicación. Me entusiasmaba la idea de descubrir qué necesitaban los clientes/compradores en lugar de decirles lo que yo pensaba que querían: "Aquí está el producto que necesita".

Es un mejor utilizo del tiempo y la energía.

Ahora podrías estar pensando: "Claro que sí, los vendedores son dudosos", y aquí está la cuestión: todavía encontrarás esa vibra o falta de fibra moral en algunos vendedores, sin embargo la obtienes en la política, la banca y casi todos los demás sectores.

Lamentablemente, los vendedores siempre son retratados como personas que tienen poca educación o que abandonaron la escuela secundaria. De hecho, cuando la mayoría de los directores ejecutivos y altos ejecutivos más exitosos tienen experiencia en las ventas, ya que entienden su industria y lo que la gente desea. Hacer lo correcto siempre es gratificante a corto plazo y, frecuentemente, también genera dividendos a largo plazo. Sin embargo, no debemos tener miedo de decir no a una venta. Hablaremos de esto más adelante en el capítulo cinco.

He aquí una idea para ti: todo el mundo es vendedor. Lo creas o no, has estado vendiendo desde que puedes hablar. Piénsalo, ¿qué guion de ventas usabas cuando eras un bebé? Cuando llorabas, tus padres te consolaban. Les dijiste a tus padres que te levantarías temprano para ir a la escuela sin ninguna resistencia si podías quedarte despierto hasta tarde y ver un programa en la televisión. Querías un resultado positivo, simple y llanamente. Si querías quedarte despierto hasta tarde, deberías convencer a tus padres. Hablaste de los beneficios de este acuerdo. No hay resistencia por la mañana y es posible que incluso hayas dado una garantía. Podrías haberlo sacudido; si fueras muy bueno en eso, podrías haber negociado también un vaso de leche y una galleta.

Es posible que hubieras querido un cachorro y te hubieras dicho a tus padres: "Los pasearé, los alimentaré y los llevaré al veterinario". Probablemente tus padres cumplieron con los roles y responsabilidades de lo que estaba involucrado. ¿Prometiste llevar a cabo estas tareas? Probablemente regresaste y revisaste ese no de tus padres una y otra vez. La venta es en reventa, y eso lo tratamos en el capítulo nueve. Es posible que tus padres incluso hayan conseguido que endulces el trato añadiendo otras tareas como cortar el césped; ibas a conseguir ese perro, sin embargo al final acabaste teniendo que lavar los coches.

Incluso tus padres eran vendedores.

Mi hermano tiene una técnica que solía emplear cuando llevaba a mi sobrino de compras a *Toys R Us*. Todos hemos oído las lágrimas y las berrinches en jugueterías, confiterías y furgonetas de helados. No hay ninguna razón por la que una visita para comprar el último juguete tenga que ser traumática; envíame un DM si quieres saber qué es en https://www.instagram.com/stephenrowanofficial/

Este libro está carente de ego porque yo lo estoy. Si quieres esa tontería, puedes comprar Jordan Belfort. Me imagino que ese campo está lleno de eso. Seriamente, que se joda ese tipo. Creo que puedes desempeñar tu trabajo como vendedor con una fuerte dosis de moralidad. Y mientras digo bombas F, permítanme ser franco. Este libro no es para leerlo detenidamente, por lo que se puede decir que ha sido leído. Este libro no sólo mejorará tus ventas, sino que también mejorará la calidad de tus relaciones en la vida. La calidad de tus ventas es un reflejo directo de tus habilidades comunicativas.

Los conceptos, sistemas y teorías que describo en este libro me han ayudado a lograr más ventas de las que creía posibles y, lo más importante, me han dado tranquilidad durante mi propio viaje de ventas.

Fija el objetivo de leer el libro completo, al menos dos veces durante las primeras seis semanas de la compra.

Esto no es algo para hojear y explorar un par de conceptos. Si estudias y aplicas estas técnicas aumentarás tus ventas y tu confianza, mientras disminuye la cantidad de estrés en tu vida profesional. Tómate algunos momentos para ti, analiza el proceso, adapta los guiones, practica tus habilidades comunicativas y comprométete a realizar un cambio. Piensa en progresar en tu vida, requerirá algo de sacrificio. Es posible que tengas que decir no a tu programa de televisión favorito durante tres meses, renunciar a tu evento deportivo semanal u ocasionalmente necesites comprometerte a estudiar cuarenta y cinco minutos durante cinco noches a la semana.

Es una pequeña fracción de tu vida.

Así que busque la gran victoria, comprométase con la disciplina, haz el trabajo y disfrute el proceso de aprendizaje. También te divertirás en el camino.

"¡Hazlo, HAZLO AHORA!"

Major Alan Schaefer

¡Cómo utilizar este libro!

No chapucero este libro ni tu carrera de ventas; este es el libro de "no perder el tiempo". No es el libro "Sí, leí este libro y suena bien, tal vez intente utilizar algunas de sus cosas". Entonces, toma un documento en blanco, un marcador, un cuaderno, tu *e-pencil*, uno *screenshot* en Audible o Kindle y busca otro dispositivo. Analizar este libro no es suficiente. Puedes leer un libro sobre cómo aprender español; sin embargo, no puedes leerlo una vez y de repente hablar con fluidez.

¡Hablo español! ¿Lo entiendes?

CAPÍTULO UNO

CÓMO FUNCIONA EL PROCESO DE VENTAS

En este capítulo vamos a explorar la percepción y la realidad de los vendedores profesionales, cómo entender por qué los clientes presentarán problemas y cómo lidiar con la resistencia.

Cotidianamente alguien se enfrenta a un problema, eso es una realidad. Todavía tengo que encontrar a alguien que no quiera presentar su producto a más espectadores, aumentar las ventas o interactuar con más clientes potenciales.

Así va el mundo.

En el universo de los negocios, a menudo recibirás llamadas de clientes que dicen que las cosas van bien; sin embargo, que luego responden a necesidades como contratar más personal, mudarse a una ubicación más destacada o aspirar a crecer.

Siendo un vendedor, tu función es ofrecer soluciones para la resolución de problemas. Si puede cumplir con tus requisitos de precio y tiempo, tendrás una gran demanda.

Suena sencillo. Es esencial infundir confianza en tu producto y estar al tanto de lo que ofrecen tus competidores. Los clientes suelen comparar precios antes, durante y después de hablar con ti.

El cliente que toma una decisión en el acto es oro; querrás seguir haciendo negocios con ellos. Esté preparado para navegar diálogos internos y externos; es parte de la naturaleza humana cuestionar y comparar.

Incluso cuando nos regalan algo extraordinario, todavía no estamos seguros de ello. Recuerda a Charlie yendo a la fábrica de chocolate, el sueño de todo niño era cruzar esa puerta, sin embargo así estaba abrumado.

Es la naturaleza humana.

Veamos las razones clave por las que la gente le compra

Escribe 20 razones por las que un cliente acude a ti. Tu lista dependerá del servicio que ofreces. Tienes una página para este proceso. Consigues un bolígrafo y empiezas a tomar notas, subrayar o resaltar lo que te vengas bien. Por favor, entiendes que ésta es la diferencia entre aprovechar al máximo tu carrera o simplemente fingir. ¿Hablas en serio con tu vida? ¿Qué tan serio eres? La gente seria actúa. Si estás escuchando el audiolibro, asegúrate de tener un diario o un documento abierto. Ahora escribe una lista.

Aquí hay algunos ejemplos para empezar:

1. No hay suficiente dinero en el negocio

2. No hay suficiente personal disponible

3. No hay suficiente dinero para mudarse a otro local

4. No hay suficientes potenciales clientes al negocio

5. No hay suficientes citas reservadas

6. No hay suficientes visualizaciones en social

7. Demasiado gordo

8. Demasiado delgado

9. Falta de movilidad

10. Falta de habilidades

11. Falta de comunicación

12. Falta de confianza

13. _____

14. _____

15. _____

16. _____

17. _____

18. _____

19. _____

Apuesto a que algunos de estos me resultan familiares. Piensa. ¿Cómo vas a solucionar estos problemas?

Cuando era más joven, tenía un ardiente deseo de ser peluquero, sin embargo también quería seguir una carrera académica en business y marketing. Lamentablemente no pude hacer ambas las cosas, me fui a estudiar comunicaciones y business y, al final de los dos años, decidí tomarme un año sabático. Estaba teniendo varios desafíos en mi vida personal y decidí que lo mejor sería pasar un tiempo en Tailandia con mi hermano antes de vivir en Australia. Al comienzo de mis viajes, estaba concentrado en las medidas que tomaría para progresar en mi carrera académica, pero a medida que pasaba el tiempo, me encontré cada vez más cerca de mi deseo de cortarme el cabello. Al final de mis viajes, regresé a Escocia y me propuse unirme a la mejor organización de peluquería que pude encontrar. Mi teoría era que si quiero llegar a ser el mejor debería ser entrenado por los mejores, trabajar con los mejores y observar a los mejores. Elegí cinco salones y comencé mi campaña para conseguir un empleo como asistente.

Aquí empezó el trabajo duro y la resistencia. Configuré mis entrevistas en un orden que significaba que mi opción número uno era la última. Quería lidiar con toda la resistencia y los obstáculos antes de llegar a mi entrevista final. Cuando llegué a esa fase, era consciente de todo el escepticismo que tendrían sobre mí y de las objeciones que plantearían. Todos fueron razonables y yo estaba preparado para ellos. Incluso estaba dispuesto a reconocer y neutralizar las amenazas antes de que cobraran impulso en la conversación. Cada una de las empresas anteriores presentó las mismas tres objeciones:

1. Vives demasiado lejos.
2. Has tenido un trabajo mejor remunerado y no podrás soportar los bajos salarios.
3. La formación es un proceso largo y no creemos que puedas comprometerte.

Cuando asistí a la entrevista final, comenzó con el proceso habitual en el que los entrevistadores revisaban mi formulario de solicitud, me preguntaban sobre trabajos anteriores y luego me preguntaban sobre mí, cuáles eran mis planes y qué me llevó a ser peluquero.

En ese momento, sabía exactamente cuáles eran mis respuestas y qué querían saber. Luego terminé con las siguientes frases, que más tarde me dijeron que me consiguieron el trabajo, antes de levantarme para estrecharles la mano.

"Aprecio que hay diferentes dudas y si yo estuviera en tu lugar, también les habría. En primer lugar, probablemente estés pensando que vivo demasiado lejos y que eso será un problema para las noches y los comienzos tempranos, estoy de acuerdo contigo y es por eso que me mudaré a un piso en el centro de la ciudad a 15 minutos a pie del salón. En segundo lugar, supuestamente estés pensando que los salarios serán un problema debido a mis precedentes trabajos; pues, he sido frugal y he ahorrado una buena cantidad. Además, sé que puedo pagar el 85% de mi alquiler a través de un plan de apoyo, así que, nuevamente, eso no es un problema. Y por último, la apuesta por la formación: elegí esta profesión porque sé que siempre está evolucionando y eso me encanta, además esta empresa tiene la mejor formación del mundo y quiero ser el mejor, por eso estoy aquí hasta me dices que me vaya. ¿Se te ocurre alguna razón por la que no querrías contratarme?"

Me ofrecieron una aprendizaje en esa empresa y trabajé con ellos durante muchos años, recibí varios elogios, reconocimiento en mi campo por parte de mis compañeros, escribí manuales de formación, hablé en eventos, fui reconocido por mi compromiso con la capacitación y tuve miles de clientes satisfechos.

No temas la resistencia. Acéptalo y aprende de él.

Resistencia al encuentro

A menudo la resistencia en una conversación de ventas resulta de una mala comunicación. Quizás tengas que retroceder en la interacción y hablar sobre los problemas y las soluciones. Puede ser porque no has explorado un tema en particular o porque han ocultado algo.

Puede que no se te resistan. En cambio, su cliente se opone porque no le ha explicado la solución a un problema y cree que no lo comprende completamente. Es por eso que debe asegurarse de entender los problemas y repetírselos a su cliente.

Es tan fácil como 1, 2, 3.

Por ejemplo, su cliente le dice que está teniendo problemas para conseguir clientes, ganar más dinero y tener más control de su vida y de sí mismos. Si no entiendes, pídales que repitan y amplíen; a la gente le encanta hablar sobre sus problemas y desafíos. Acabas de decir:

1. "De acuerdo, cuéntame más sobre tus problemas".
2. "¿Qué otros problemas?"
3. "¿Hay otros desafíos que estés experimentando?"
4. "¿Espera alguna dificultad con eso en los próximos 12 meses?"

Una vez que hayan pasado por todo eso, digamos,

"Gracias por compartirlo. Eso me ha dejado claro, te agradezco que te tomes el tiempo. Si entiendo todo correctamente, tus problemas para conseguir clientes/ganar más dinero/tener más control de tu vida son 123 y ABC, y a mediano y largo plazo también crees que estos problemas relacionados con 456 se harán evidentes. ¿Es correcto?

"¿Se te ocurre alguna otra inquietud que puedas tener y que deseas explorar en relación con lo que hemos discutido?"

Has descrito todo lo que pensabas que estaba mal y ahora puedes tener tres o cuatro formas adicionales de ayudarlos. Recuerde, **tienes** que ayudar.

Puedes ayudar más al cliente; tal vez estén comprando más cosas o valorando más tu servicio; sin embargo, lo más importante es ayudar a las personas a un nivel mayormente profundo. Sabrás que has alcanzado esta fase cuando:

1. Se han acercado.
2. Te han contado el problema.
3. Han compartido más información.
4. Tienen más confianza en ti.
5. Te respetan más.

Y ahora, cuando hables, te escucharán. ¿Por qué? Porque les has vaciado la cabeza y ahora estarán dispuestos, listos y preparados para escuchar lo que tienes que decir. Es difícil escuchar a alguien si sientes que no te está escuchando o si intentas recordar qué más no le has dicho.

Ahora se encuentran en un mejor estado mental para procesar la información. Así es como se enfrenta la resistencia a la hora de hacer preguntas.

Si aún no lo utilizas, te recomiendo que lo pruebes más a menudo. Y no es sólo por trabajo. Use esto en tu vida cotidiana. La próxima vez que vayas a una fiesta, practica tus habilidades para preguntar y escuchar, la gente te amará más de lo que ya lo hacen.

Entonces, en esta fase, has aprendido a:

1. Mira los problemas/desafíos
2. Comprenda cómo presentar sus soluciones
3. Reconocer la resistencia

Antes de pasar a la página siguiente, regrese y vuelva a leer este capítulo. Quiero asegurarme de que comprendas los conceptos y las razones detrás de las ventas. In adicción, ¿has hecho los deberes? Si no quieres hacerlo, te diría ¿por qué no? Vamos a configurar toda una parte de la estrategia de ventas, por lo que cuanto más te disciplinas con estas técnicas y procesos ahora mismo, más fácil te resultará cuando estés en una llamada o en una reunión. Sea disciplinado.

¿Cuántos de ustedes se metieron en problemas por no estar en casa antes del cubrefuego? Les dijiste a tus padres que regresarías a una hora determinada y no cumpliste esa promesa. ¿Qué tan fácil fue renegociar ese acuerdo la segunda y tercera vez?

Cumple constantemente lo que dices que harás o cumple más de lo que prometes. Por ejemplo, si dices que la propuesta estará con el cliente en una hora, asegúrate de que la tenga antes. Si dices: "Oye, te entregaré la propuesta a las 11:30", imagina la sorpresa que causarás cuando llegue a las 10:30.

Quiero que pienses en cómo ves tus ventas. Mucha gente cree que es volar por el asiento de tus pantalones. Consígalos por todo lo que pueda y luego pase al siguiente tipo de trato. Puede serlo, pero eso es diferente de cómo debes aplicarlo tú mismo.

Escuche, si cree que las ganancias en ventas a corto plazo son una buena estrategia, piénselo de nuevo. He visto a vendedores deshacerse de miles de comisiones futuras para conseguir unos cientos de libras hoy. Sin embargo, aquí está la verdadera cuestión: su integridad y el respeto de sus clientes no son sólo decisiones morales. También son estrategias comerciales inteligentes a largo plazo.

Cuando realizas una venta, no solo se conecta con una persona; estás accediendo a una red que incluye a sus amigos, familiares, colegas y vecinos. Estas no son sólo transacciones; son relaciones a largo plazo basadas en la confianza.

Tu brújula moral te indicará cuándo está en el camino correcto o si se está desviando del mismo. Así que tome una decisión clara: concéntrate en objetivos a largo plazo y defienda su integridad. La recompensa vale la pena.

Mentalidad de Escasez

Una de las cosas que solía disuadirme de la industria de las ventas era la falta de dinero o de fondos garantizados. Sin embargo, cuando acepto una nueva empresa o cliente, no pido salario. Sólo me interesa un porcentaje. ¿Por qué? En primer lugar, no lo necesito porque siempre recibo dinero (ayuda si siempre tienes residuos). En segundo lugar, porque sé que voy a realizar las ventas. Ningún empleador te dará una cifra considerable si no hay ningún resultado.

Al crecer, nunca tuve dinero. Entonces, trabajar sin un salario no era económicamente factible ni posible. Me sorprende admitir esto. El pensamiento no era "cuando gane esta cantidad de dinero". El pensamiento era: "¿Qué pasa si no gano dinero?". Un pensamiento loco, ¿qué pasa si no gano dinero? Ten cuidado con las historias que se cuenta a sí mismo.

Si me sorprendiera teniendo ese pensamiento ahora, me horrorizaría. Sin duda me acercaría a un entrenador. Si no has intentado trabajar con un entrenador, le recomendaría que busque uno. Tener un entrenador es una de las herramientas más poderosas que puedes tener ya que mejorará todos los aspectos de tu vida. Sólo asegúrate de conseguir el correcto. Uno de los pocos arrepentimientos que tengo en la vida es que desearía haber trabajado antes con un entrenador.

Si no sabes hacer windsurfing pero lo repites y te esfuerzas todos los días, mejorarás. No pienses en lo malo que serás al principio. En su lugar, piense de quién puede aprender, qué errores puede identificar y de qué manera puede mejorar. Asegúrese de que esta sea la mentalidad que desarrolle. Sé que ser un gran vendedor es uno de los trabajos más gratificantes del mundo. Solo asegúrese de vender el producto adecuado a las personas adecuadas.

¿Por qué? ¿Por el dinero?

El dinero está bien, sin embargo no es lo que más me gusta; o sea, una sensación de logro por cumplir lo que te propusiste, aprender una habilidad, desarrollar tu cerebro y potenciar tus habilidades comunicativas.

Quizás lo mejor sea ayudar a alguien a llegar a su destino o superar un obstáculo. Quizás te haya resultado difícil tomar una decisión. Quizás los haya educado y te haya ayudado a ver una solución. Tal vez te haya ofrecido un paquete para ayudarlos a hacerles la vida más fácil, o tal vez simplemente compraron la casa de sus sueños. Los has ayudado. Por eso es tan gratificante desarrollar habilidades de ventas.

Quiero que pienses en las ideas erróneas que puedas tener sobre el mundo de las ventas. No está lleno de gente sin escrúpulos que vendería a sus abuelas por alguna criptomoneda. Está lleno de personas de alto rendimiento que quieren escuchar las necesidades de sus clientes y ofrecer soluciones.

Quiero que cambies tu forma de pensar y consideres la resistencia como un aliado porque una vez que lo hagas y aceptes esos desafíos, descubrirás que puedes ayudarte a ti mismo y a los demás. Entonces, siéntete cómodo con los golpes que recibirás, los obstáculos y contratiempos. Estos son los escenarios en los que te esfuerzas, aprendes nuevas habilidades y desarrollas un carácter y una mentalidad ganadores.

Puntos Clave:

1. Las ventas no son sólo promocionar un producto. Se trata de entender al cliente, sus necesidades y su idioma.
2. No temas la resistencia. Acéptala y aprende de ella. No es un obstáculo, sino una guía para entender mejor a su cliente potencial y vender su solución.
3. La verdadera ganancia en ventas no es sólo ganar dinero sino marcar la diferencia. Ahí es donde reside la satisfacción.

Recuerde, la acción es fundamental en las ventas. Conoces a tu cliente, acepte las objeciones como oportunidades y esfuérzate por lograr un impacto sobre los ingresos.

Una última palabra sobre el éxito y el fracaso

El éxito y el fracaso son dos caras de la misma moneda y cada uno ofrece enseñanzas únicas.

El éxito suele llegar sin un manual de usuario.

Puede resultar alarmante. Tendrás que navegar a través de los giros y vueltas principalmente basándose en tu intuición y las habilidades adquiridas. Aprendiendo en el camino y estando en riesgo, riesgo de fallar, así seguir adelante. Ahí es donde ocurre el verdadero crecimiento. Después de todo, las mejores lecciones se aprenden a través de la experiencia, no sólo siguiendo pautas.

El éxito nos muestra lo que es posible y es un testimonio de nuestro arduo trabajo y determinación. Aumenta nuestra confianza, nos anima a correr riesgos y nos motiva a esforzarnos por alcanzar mayores alturas.

No se deben temer ni evitar los fracasos. Nos proporcionan un terreno fértil para el crecimiento y el aprendizaje.

Cuando nos topamos con contratiempos, es una oportunidad para reflexionar, analizar y entender qué salió mal. Al examinar nuestros errores, obtenemos sabiduría valiosa que puede guiarnos hacia una mejor toma de decisiones en el futuro.

El fracaso nos enseña resiliencia, nos obliga a adaptarnos y resalta áreas de mejora.

Tanto el éxito como el fracaso son componentes esenciales de nuestro desarrollo personal y profesional. Se complementan entre sí para moldear nuestro carácter y fomentar una mentalidad de crecimiento. Aceptar ambos resultados con una mente abierta y voluntad de aprender es fundamental para el progreso continuo.

Siga superando los límites de lo que es posible. Y cuando el fracaso llama a tu puerta, te invita a emprender un viaje de autodescubrimiento y superación. Son un dúo poderoso que nos impulsa hacia el éxito y la realización.

El fracaso es inevitable, al igual que el rechazo. Así que siéntete cómodo con ellos y conviértelos en activos e instrumentos para tu superación personal y tu éxito.

CAPÍTULO DOS

EL SECRETO PARA DESARROLLAR TU MENTE DE VENTAS

Tendrás que dejar de lado todas las prejuicios y clichés que creías ciertos sobre las ventas. Puede que te ayude escribirlos porque se convertirán en cuentos de hadas de tu pasado.

Preparación Previa Adecuada Evita un Bajo Rendimiento

Mi tío Duncan nos enseñó las 7 P cuando éramos más jóvenes; siempre ha sido muy partidario de utilizar la mentalidad de las fuerzas militares para ayudarnos a desarrollar nuestra fuerza mental. Es el tipo de cosas que solía considerar poco divertidas. Sin embargo, si adoptas esta mentalidad, marcarás la diferencia entre las personas que quieran hacer negocios contigo y las que no. Asegúrate de tomarte el tiempo para prepararte para cualquier llamada o reunión de ventas.

Me gusta prepararme para actividades dentro y fuera del trabajo, podría ser un maniático del control. Uno de los lugares donde da sus frutos es el aire libre. Mis amigos y yo practicamos a menudo escalada en Escocia. Una de las escaladas más gratificantes es la del Ben Nevis, el pico más alto del Reino Unido. Es un desafío y una casilla natural para mí. Recuerdo que en una salida no me preparé adecuadamente.

Estaba emocionado de hacer el viaje. Todos tenemos un tiempo limitado para afrontar desafíos monumentales como escalar el K2 o el Everest. A medida que envejecemos, esa ventana se estrecha y se reduce un poco más cada día. Por favor, aprovéchalo mientras puedas. Cuatro semanas fuera y estaba ocupado preparándome para esta escalada. Cada dos noches me encontrabas entrenando en la máquina trepadora Stairmaster con un chalequillo con pesas de 20 kg. Es absurdo, la única manera de prepararse es escalar una montaña real. Al igual que las llamadas de ventas, la única forma de mejorar es adquirir experiencia en las llamadas de ventas.

Mi amigo me envió una lista de kit para el viaje. Tenía casi todo. Resultado. Aquí es donde la historia va cuesta abajo. Debería haber empacado y cargado mi auto antes de irme a dormir. En cambio, tontamente decidí hacerlo por la mañana. GRAN ERROR. ¿Cuán grande? Como *Pretty Woman*, GRAN ERROR. ¡ENORME!

Llegamos a la cima del Ben Nevis y fue maravilloso; geniales las vistas y simplemente preciosas. ¡Qué logro! Nos regocijamos, tomamos fotos y tomamos un refrigerio. Luego iniciamos el descenso. Tenía frío, estaba mojado y hambriento, sin embargo estaba bien. Los vehículos estaban a la vista, por lo que no faltaba mucho para llegar. Nada es tan cómodo como cambiarse y ponerse ropa seca después de haber sido golpeado por el viento frío y la lluvia. ¡Oye, era julio en Escocia!

Una vez que llegamos a los autos, comenzaron las habituales travesuras, hilaridad y bromas. Uno de los primeros en regresar al auto fue Andrew (como siempre). Ya estaba comiendo sus sándwiches. Entre bocados de comida, me dijo: "No puedes vencer a la ropa fresca y seca y a las zapatillas deportivas después de pasar el día con el equipo mojado". Miré a mi amigo y me quedé horrorizado. Me di cuenta de que las dos cosas que no había traído del armario del pasillo eran mis zapatillas favoritas y unos calcetines limpios. La decepción debía estar escrita en toda mi cara. "¡No tengo suerte, tío!" Fue seguido por muchas risas.

Déjame decirte que esto fue una paradoja sensorial: conducir a casa durante cinco horas con ropa limpia y seca y botas empapadas. Nunca he vuelto a cometer ese error. ¡Si tan solo hubiera recordado mis 7 P!

Voy a mostrarte precisamente lo que tienes que hacer para asegurarte de estar preparado adecuadamente para cualquier llamada de ventas.

Conozca tu tecnología, números e investigación social

Paso Uno - tiene que ver con el *digital stalking/forensic research*. Aprenda todo lo que pueda antes de hablar con un cliente potencial. Tómate de 5 a 15 minutos y mira su sitio web y sus redes sociales. Sepa dónde van de vacaciones, si tienen hijos, cuántos seguidores hay, qué les gusta y qué no les encanta y el lenguaje que utilizan. Es posible que incluso tengan algunos amigos y clientes en común. Cuanto más sepa sobre un potencial cliente, mejor será. Todo lo que pueda aprender a través del proceso le dará dividendos.

Paso Dos - ahora estamos en un proceso diferente - no *cyber-stalking*, ni en los cuestionarios directos previos a la reunión. Utilizo un software llamado Typeform. Typeform es un creador de formularios en línea fácil de usar que ofrece diseños personalizables. Facilita la creación de formularios atractivos para clientes potenciales. Puede recopilar información específica de forma eficaz. También se integra con varias herramientas, lo que proporciona automatización y flujos de trabajo fluidos. Typeform es una solución muy versátil para recopilar información útil sobre clientes potenciales. Si usas algo más, entonces genial; asegúrate de copilar tanta información como sea posible antes de una llamada. Da como resultado mayores conversiones y mejores relaciones. Honestamente, es una ganga por el costo.

Recuerde que de la misma manera que usted recopilará información sobre un prospecto/cliente potencial, probablemente ellos estén haciendo lo mismo con usted. Asegúrese de que todo lo relacionado con usted esté actualizado, conciso y profesional.

El diablo está en los detalles

Mi amigo se me acercó y me preguntó si podía recomendarle un entrenador físico. Habían seleccionado a tres y me pidieron que los analizara y, luego, les diera una recomendación. No es mi profesión, sin embargo conozco y trabajo con algunos de los mejores entrenadores de fitness del Reino Unido. Tenía algo de tiempo libre, así que revisé la lista y encontré la mejor opción entre ellos.

Es sorprendente y curioso lo que otras personas comparten en sus sitios web; errores tipográficos, gramaticales y, en especial, al sitio web le faltaba un enlace fundamental para los detalles de contacto. Decidí hablar con el propietario del sitio y llamarlo. A nadie le gusta escuchar ese tipo de informaciones. Sin embargo, necesitaba compartirlo con ellos, estaban perjudicando su propia actividad. Discutimos algunas de las victorias fáciles, los ajustes rápidos que podrían hacer y dónde estaban fallando con la mensajería y el marketing. No puedo calcular cuántos clientes ganaría o cuántos clientes habría perdido, pero estas soluciones muy detalladas serían ventajosas para él.

¿Intenté venderles un producto? No. ¿Estaban avergonzados de que les acercara el espejo? Sí. Tenían un equipo interno que debería ser identificado estos errores antes de compartir el sitio web con el público. Si deseas evitar errores demasiado importantes, debes conseguir que otra persona se ocupe del más mínimo detalle.

Llega al hábito de encontrar estos problemas y transmitirlos con dignidad, y si lo crees relevante, preséntales una solución.

Alcance y mantenga un alto nivel de disciplina en todas las partes de tu negocio. Encuentre agujeros y lagunas en el mercado que pueda llenar con tus conocimientos y tendrás una demanda muy importante. A la gente te encanta trabajar con los mejores, se sienten más cómodos y confiarán en ti.

Uno de mis primeros negocios fue un lavado de autos. Crispy's Car Valet (Número uno en Europa, bueno, ¡Largs de todos modos!) Vengo de Largs, un pequeño pueblo en la costa oeste de Escocia, es un área relativamente próspera, y uno de mis objetivos era conseguir la mayor cantidad posible de clientes que tuvieran coches grandes y muy elegantes. Mi proceso mental fue que si más personas me confiaran lavados de autos, entonces sería fácil atraer a los propietarios de autos de gama media y económicos como clientes. Uno de mis puntos de venta fue la velocidad del servicio. Siempre preguntaba a los potenciales clientes si estaban interesados en un lavado de autos completo y eficiente a un precio económico. Me acerqué al garaje local y negocié un trato para utilizar las instalaciones.

Un cliente al que quería contratar conducía un nuevo y magnífico Rolls Royce Silver Spur azul. Cada vez que venía al garaje, pasaba lo mismo.

"Hola, Eddy. ¿Te gustaría un lavado de autos completo y accesible?" Él se negó. Eddy parecía disfrutar demasiado al decir "no", lo cual es desafortunado, como estás a punto de descubrir.

Un sábado por la mañana, alrededor de las 10:00, se detiene en el garaje, toma la tobera del surtidor de gasolina y empieza a cargar combustible, dejándolo bombear en el lado del pasajero. Entra al taller, paga el combustible y antes de volver a subir al coche, corro hacia él para hacerle saber que la boquilla todavía está en el costado de su auto. Antes de que pueda decir una palabra, me dice que cierre la boca y que no soy lo suficientemente bueno para lavar su coche. Con eso, cierra la puerta del auto, pone el contacto y la primera marcha para arrancar. Lamentablemente, la boquilla permanece en el coche y arranca toda la bomba de gasolina del suelo.

Las alarmas contra incendios suenan atronando, se oyen disparos de gasolina al aire y el coche está dañado. El dueño del garaje le grita a su coche, y se me ocurrió una idea. Sabes que no siempre se trata de venderle algo a alguien; es fundamental ayudar a la gente. Intenté ayudar a Eddy, sin embargo lamentablemente no era el mejor interlocutor.

Quería que la gente se acercara a mi negocio ofreciendo los mejores servicios posibles. Tener a Eddy como cliente habría mejorado mi reputación, así que persistí y no me cansé del denegación. Aunque parecía un poquito sádico, traté de ayudarlo porque creía en ser útil y ofrecer asistencia cuando fuera necesario, incluso si eso no conducía directamente a una venta de repente.

Entiendo que no todos los clientes estarán dispuestos a hacer negocios conmigo y eso está bien. He aprendido que es mejor focalizarse en los que aprecian mis servicios y están dispuestos a participar y eso está bien. Cada interacción positiva o negativa proporciona lecciones preciosas que dan forma a mi enfoque hacia clientes potenciales y me ayudan a perfeccionar mi estrategia comercial. Debería ser lo mismo para ti.

Reconozco las limitaciones y cuándo algunos clientes pueden necesitar ayuda o asistencia. Sin embargo, tengo que hacer lo mejor que puedo con cada persona que encuentro en este viaje empresarial.

Como entrenador o consultor autónomo, recibirás una buena cantidad de denegación, pero olvídalo y encuentra clientes mágicos que alegrarán tu vida empresarial.

Si sabe todo sobre los problemas/negocios de nuestro potencial cliente, tienes que asegurar de poder sacar esos números de la bolsa y evitar complicar las cosas. En cambio, hágalo lo más claro y directo posible. Te enfrentarás a tu propio conjunto de preguntas frecuentes; sin embargo, estas son algunas de las más comunes.

1. ¿Cuál es el nivel de inversión económica?
2. ¿Pueden fraccionar el pago?
3. ¿Qué contribución se requiere de ellos?
4. ¿Qué implica?
5. ¿Cómo será la relación en el futuro?
6. ¿Cuál es el resultado deseado?

Tómate un tiempo para escribir las 10 preguntas más comunes que te hacen.

1. _____
2. _____
3. _____
4. _____
5. _____
6. _____
7. _____
8. _____
9. _____
10. _____

Piensa en cómo puedes envolver tu solución en torno al problema. Se convertirá en una relación atractiva si puedes resolver todos tus trastornos, mitigar tu exposición o reducirla. Es posible que estén de acuerdo si confían en tus habilidades, si han tenido la oportunidad de hablar y, lo más importante, si te ha explicado cuál será el procedimiento.

Tu idioma es increíblemente importante y las siguientes cinco líneas pueden acabar con un trato instantáneamente.

1. Eh
2. No estoy muy seguro
3. Podría/debería/solía serlo
4. Tal vez
5. Mmm

¿Se te ocurre alguna muletilla verbal o sentencia que necesites eliminar de tu vocabulario?

1. _____
2. _____
3. _____
4. _____
5. _____

Si solo sigue un consejo de este libro, toma este - erradique estas palabras del vocabulario. Tienes que saber la respuesta a cada pregunta que tenga tu cliente. No me refiero a oposiciones. La buena noticia es que posiblemente te enfrentarás a las mismas preguntas una y otra vez.

Cuando respondas, debe ser sí y no, y cuando hables, no dudes.

Dales los hechos; si no sabes algo, di amablemente: "Voy a aclarar eso y te lo enviaré por correo electrónico, o te lo enviaré por mensaje textual para que lo tengas".

Tus clientes se darán cuenta rápidamente si eres tú quien intenta engañarlos.

Es desesperante tratar con vendedores que han sido una absoluta pesadilla, exhibiendo comportamientos como pavonearse por las instalaciones, agitar la muñeca para poder ver el reloj, hacer ruido y, para ser sincero, parecer idiotas. Así que sea lo contrario de eso. Esta gente es del tipo que me ha desanimado de las ventas.

"Podría vender hielo a un esquimal"

Bueno para ti, en el mar.

Recuerdo haber ido a un garaje de BMW en Glasgow; fuimos a comprar un auto nuevo. Me encantan los coches y adoro las salas de exposición de autos. Entonces, después de Disneyland y The Cheesecake Factory, podría ser mi sitio favorito. El personal de recepción nos recibió, les informamos lo que estábamos buscando y nos avisaron que el personal de ventas estaba ocupado en ese momento, sin embargo que no tardarían mucho. Bastante justo.

Cuando estuvo disponible, nos presentaron al experto en tecnología, que era entusiasta, diligente e interesado, con excelentes habilidades comunicativas. Demostró las características y beneficios del vehículo que nos interesaba para asegurarnos de que conocíamos todas las funciones, aplicaciones y equipos. Habría comprado algún producto con él ya que me llenaba de confianza. Sin embargo, tristemente, no se te permitía vender coches, solo hablar y guiar a los clientes a través de la tecnología.

Sin embargo, sólo estuvo tratando con nosotros hasta que llegó el vendedor; qué payaso absoluto. Francamente, no podía creer lo poco profesional que fue en los primeros quince segundos. Destruyó toda la buena voluntad y confianza que los otros dos miembros del personal habían formado.

He trabajado en el sector de los servicios durante casi toda mi vida profesional. Entonces puedo detectar un mal servicio cuando lo veo. Lo llamaremos Gary (lo siento por los Gary que estén leyendo este libro). Se pasea a nosotros como si no tuviera prisa, arrastrando los pies y mirando a cualquier lugar aparte de nosotros. ¿Estaba tratando de ser indiferente? Nos hizo una especie de saludo con la mano y dijo: "¡Sí! ¿Todo bien?"

Lo esperaría de un comerciante, pero estamos muy lejos de una obra en construcción. Después pregunta: "¿Ustedes son los que están buscando un coche?" No quiero repasarlo todo de arriba a abajo, sin embargo no le compramos nada ese día ni ningún otro. Sin embargo, compramos algo más 13 días después en un concesionario a cuatro horas en auto. ¡Increíble! Dimos todas las señales de compra: preguntamos por el modelo específico, el equipamiento, el color, la financiación, la antigüedad y el kilometraje. No trajo nada a la mesa aparte de mostrarnos una foto de un coche que no queríamos comprar. Era amarillo y le habíamos dicho ya que queríamos uno azul o blanco. Él dijo: "¡Mira eso! Eso es un auto, eh, eso es un coche".

¡No seas como Gary!

Todo el mundo ha tenido una experiencia similar; es posible que algunos hayan demostrado su propio juicio y desempeño escasos. ¿Por qué? Porque sin las disciplinas, los puntos de referencia y los marcadores adecuados, algunos de nosotros podemos volvernos faltos de recursos, perezosos y menos de lo que el cliente y la empresa necesitan.

Uno de los mejores trabajos que he tenido fue el de barman. Todavía recuerdo la primera noche. Estaba nerviosa por empezar, ansiosa, insegura de poder hacerlo. Escuchando todo esto, mi jefe me preguntó: "¿Quieres hacerlo?" Casi con un tono de ¿estás seguro? "Sí", dije, "Claro que sí".

"Pues, recuerda que estás en el escenario cuando paseas detrás de esa barra. Muestre a la gente una persona amigable, entusiasta y atractiva que esté ahí para cuidarlos. Asegúrate de que tengan una gran noche y garantiza de divertirte".

Me tomé esto en serio y lo implementé en cada turno. Avanza siempre con este estado de ánimo. Cuando termines un trabajo, tienes que ser la mejor versión posible.

Es un concepto muy simple.

Sea la persona de la que la gente habla cuando no esté en la sala. Solía llamar al bar cuando estaba de viaje por Tailandia y Australia, era encantador escuchar que los clientes preguntaban: "¿Dónde está el tipo grande y amigable?"

¡Asegúrate de prestar atención a tu cliente!

Por ejemplo, cuando tengas una conversación con alguien, asegúrate de prestarle atención y de que lo sepa. Aquí tienes algo que puedes probar la próxima vez que tengas una conversación con un amigo o un familiar. Todo el tiempo que estén comunicando, mantén una mirada en blanco, no asientas, abres y cerras ni gesticules, y si quieres hacerlo más extraño, mira fijamente la frente. No pasará mucho tiempo hasta que te pregunten: "¿Todo bien?" Cuando alguien te habla, tienes que entender que lo estás escuchando. Esto se puede lograr reflejándolos, cuando ellos asienten, tú asientes, cuando fruncen el ceño o inclinan la cabeza hacia un lado, puedes hacer lo mismo, también con un movimiento sutil. No seas un mimo.

Recuerda que no es el circo.

Quiero que practiques la audición activa. No tienes que repetir la palabra sí o te atrapé. Asiente con la cabeza y diga: "Lo entiendo" porque se lo repetirá al cliente. "Si entiendo esto correctamente, lo que me estás diciendo es…" Luego les volverás a contar una versión ligeramente condensada utilizando sus palabras, seguida de "¿Es correcto?"

Cuando hablamos con el vendedor en el garaje de BMW, nos hablaba sin entender. Entonces, nuevamente, esta es una de las variables que controlamos, lo que marca una gran diferencia en cómo un cliente interactúa con nosotros.

Hablemos de tu voz, uno de los medios más poderosos y eficaces para la comunicación. Podemos dividir esto en cuatro componentes.

Velocidad: Si hablas despacio, la gente pensará que estás cansado, te desconectarás o darás la impresión de que no estás interesado. Si hablas demasiado rápido, no podrán entenderte.

Volumen: Quizás este es el más sencillo; si gritas, la gente podría pensar que estás en angustia. Piensa en leer todo este capítulo en CAPS. VAYA, LO SÉ. Si es demasiado bajo, entonces la gente se inclinará porque creen que les estás contando un secreto. Winston Churchill solía hacer esto en el Parlamento para que las personas tuvieran que escuchar y focalizarte.

Tono: Si hablas en el mismo tono todo el tiempo, sonarás ligeramente robótico y la gente no entenderá completamente lo que está pasando.

Si escuchan durante el tiempo suficiente, es posible que termines poniéndolos a dormir.

Ritmo: Esto es extraño y está influenciado por tu estado. Por ejemplo, piense en la rapidez con la que hablan las personas cuando se encuentran en una emergencia. Las personas que hablan en un tono rápido se asocian con estar nerviosas, en un estado elevado con el que puede ser complicado identificarse y es difícil igualar el ritmo cuando se habla más rápido que un Ferrari.

En contraposición, la gente que habla en manera lenta, metódica y tranquila es percibida como conocedora y en control. Recuerde que cuando las personas lo escuchan, intentan asimilar la información hablada y ven si funciona para sus necesidades o problemas. ¿Te imaginas si hablaras con tu médico y estuvieran hablando a 100 mph? Sería desconcertante e inquietante. Respira, mantén la calma y entrega la información de la mejor manera posible.

A veces, la gente puede confundir ritmo y velocidad, por eso he incluido esto.

Hablando o haciendo una presentación, la "velocidad" se refiere a la rapidez con la que hablas. Si hablas rápido, puedes retener a tu audiencia y facilitarles el seguimiento.

Por otro lado, el "ritmo" se refiere al ritmo y flujo general de tu discurso o presentación. Eso incluye qué tan rápido habla y cuándo hace una pausa para enfatizar, cómo varía tu velocidad para varios puntos y cómo administra el tiempo de principio a fin.

Entonces, la velocidad se trata de qué tan rápido hablas en un momento dado. A la vez, el ritmo consiste en controlar la velocidad, las pausas y el énfasis para que tu presentación sea atractiva y fácil de seguir. Créame, dominar ambos es clave para una presentación imperiosa.

Aquí tienes un ejercicio divertido. Vaya a tu autoservicio local y pida tu comida lo más rápido posible. Es posible que el camarero lo entienda, sin embargo probablemente tendrás que repetirlo, ¡o podrían equivocarse en el pedido!

Aquí tienes un ejercicio muy divertido. Vaya a tu autoservicio local y pida tu comida lo más rápido posible. Es posible que el camarero lo entienda; sin embargo, probablemente tendrás que repetirlo, ¡o podrían equivocarse en el pedido!

Estar bien preparado es fundamental en las ventas. Cuanta más información tenga sobre tus clientes con antelación, mejor preparado estará para hacer preguntas interesantes. Es como ir a una batalla: no querrías enfrentarla solo con una cuchara oxidada y un trozo de cuerda. Así que date una oportunidad de luchar y asegúrate de venir preparado.

El compromiso es esencial interactuando con los clientes. Cuando muestras un interés genuino en lo que dicen, los hace sentir valorados e importantes. Esto, por su parte, ayuda a generar confianza entre ti y tus clientes. La confianza es la base de cualquier relación comercial exitosa.

Puntos Clave:

Reúna las informaciones antes de hablar con los clientes para poder hacer mejores preguntas y asegúrese de participar plenamente durante las conversaciones para crear una conexión positiva y de confianza. Si sigues estos principios, estará bien encaminado para dominar el arte de las ventas y lograr un mayor éxito en tus esfuerzos. ¡Mantén tu buen trabajo! Sigue practicando y diviértete.

CAPÍTULO TRES

EL SISTEMA DE VENTAS DE RITCHIE

En este capítulo veremos por qué las personas más exitosas usan un sistema probado y comprobado, la importancia de un sistema y todos sus beneficios, y qué pasos necesitas.

Tengo un amigo llamado Frankie Cho. Frankie trabajó como controlador de vuelo en NASA y desempeñó un papel fundamental en el proceso de lanzamiento, ya conoces ese punto de las películas, cuando dicen que el departamento debe ir o no para el lanzamiento. Él fue el tipo que dijo: "VAYA AL LANZAMIENTO". ¿Qué tan maravilloso es eso? Nos reunimos en Oxford un verano junto con un par de amigos que practicaban windsurf y ciclismo de montaña en el lago de Garda. Para aclarar, el windsurfing se hacía en el lago y el ciclismo de montaña se hacía en la montaña.

Una noche, mientras tomamos un par de cervezas, nos habló de la cantidad de sistemas, reuniones y preparativos necesarios para planificar el lanzamiento de una misión en la NASA.

El equipo pudo analizar rápidamente las mejoras menores en cada aspecto del lanzamiento siendo preciso y manteniendo un alto estándar en cada proceso. Esto hizo que los sistemas operativos fueran más seguros, eficientes y rentables; podían identificar rápidamente dónde arreglar y mejorar el resultado cuando algo no salió según lo planeado.

Los medios de comunicación bien podrían centrar la atención en los tres a siete astronautas que llegan al espacio exterior en una misión exitosa, sin embargo recuerde que se ha necesitado el aporte de miles de personas para alcanzar ese objetivo.

Te ayudará pensar en el proceso de ventas de la misma manera. Piense en todos los métodos y pasos que hemos cubierto hasta ahora. Piense en monitorear cuándo las cosas van mal y cuándo van bien. Se trata de controlar las variables para apilarlas a tu favor.

Si esto hace que una misión a Marte funcione, podría proporcionarle un sistema repetible y escalable que pueda generar ventas constantes. Imagina si pudieras obtener constantemente el resultado que deseas sin estrés, tensión y mucho tiempo.

Entonces, ahora veremos un par de sistemas de ventas efectivos. Te guiaré a través de cada pregunta, explicándote por qué las hago. No quiero decirte que utilizas un sistema específico e inmutable porque deberías reflejar quién eres como persona; tienes que tener tu tono. Tal vez hagas una pregunta ligeramente diferente para obtener una respuesta similar; lo importante es que tengas un sistema por el que pasar. Te ayudará a tener una secuencia de preguntas diseñadas para ayudarte a alcanzar el resultado deseado.

Así que ahí va. Esto no es exhaustivo sin embargo te dará un título para cada sección.

- Entender por qué la persona está aquí.

- Etiquételos con un problema.

- Profundizar en sus luchas, dolores y obstáculos del pasado.

- Muéstrales el futuro y muéstrales el camino hacia el éxito o la felicidad.

- Escuche sus preocupaciones.

- Reforzar su decisión.

¡Recuerda tu tono durante toda la conversación!

¡Empareja su energía!

¡Cree en el producto y servicio que ofreces! Debes tener confianza.

Control la llamada

Establecer el tono es la parte más crítica de la llamada; es fácil desviarse para hablar de tu película favorita, dónde viven o recomendar un restaurante para visitar. Entiendo la necesidad y quiero crear una buena relación. Sin embargo, esto lo perjudicará gravemente en la última parte de la llamada cuando intente ayudarte a mejorar tu vida. Un comienzo profesional produce un final profesional. Así que no se quede atrapado en la trampa de la buena relación. Recuerda que te pedirás dinero y eso requiere confianza. Quiere que sepan que eres una persona profesional, confiable y digna de confianza.

Soy un charlatán; siempre he sido así. Soy naturalmente curioso y me encanta escuchar sobre las personas y sus vidas. Este es un rasgo excelente para disfrutar de una conversación amigable. Cuando se trata de una visita de ventas, tengo que controlar mis impulsos e instintos naturales y también tienes que hacerlo.

Te ayudará a avanzar en tu llamada si hay un plan o agenda verbal. Deseas establecer qué implicará la llamada, qué cubrirá, por qué realizará este proceso y qué harás al final.

La relación puede ser un poquito loca dependiendo de si es cara a cara, por teléfono, en conferencias telefónicas o utilizando Zoom.

Podrías decir algo como:

"Hola Mark. Gracias por acompañarnos en la llamada de hoy; solo quería confirmar que hoy somos solo tú y yo. ¿Estamos esperando a alguien más? Solo nosotros, eso es increíble. Antes de empezar, quería decirte que estamos impresionados con tu sitio web/contenido/embudo de ventas/imán de clientes potenciales/publicación/dedicación a esfuerzos constantes, etc."

Pues, esto es 100% fundamental; no crees algo que sea falso. Si les pidió que completaran un cuestionario previo a la reunión y lo completaron, agradézcales por tomarse el tiempo para ofrecer las respuestas.

Una vez que les hayas dicho todo esto, se pone manos a la obra. Ahora has tomado el poder y el control (*en un buen sentido, obviamente*); estás siendo un profesional, lo que fortalece tu autoridad y confianza. Te permite establecer el tono y la dirección de la llamada.

"Entonces, antes de empezar, quiero ofrecerte una descripción general rápida de nuestra llamada de hoy, ¿está bien?" - obtenga un sí y alégrate.

"Gracias. Tengo tantas preguntas para entender más sobre ti y tu negocio; esto nos dará una fuerte indicación de dónde estaremos en los próximos 6 a 12 meses".

Ahora estamos formulando el lenguaje que ellos están a bordo; esto se llama encuadre futuro. Úselo con moderación. Piense en venderles el futuro que desean. Así que, cuando empiezan a hablar, están hablando del futuro que quieren construir. Esta primera sección se titula 'Llega a conocerte'.

Entiende - ¡Llega a conocerte! El Rey y Yo

Tono – Curioso

Velocidad – Coincide con el cliente o más lento

Pitch – Coincide con el cliente o más lento

En esta parte explicamos por qué la persona está aquí; tienes que asegurarte de usar un tono curioso y reflexivo. Garantizamos las necesidades y deseos. No tiene sentido vender el programa de acondicionamiento y fuerza de un levantador de pesas a una bailarina.

1. "¿Por qué reservaste la llamada hoy?" Necesitamos descubrir el detonante detrás de esta acción y asegurarnos de obtener una respuesta sólida y significativa de tu parte. Esta puede ser la pregunta más crítica que hagas.

2. "¿Qué o por qué se comunicó con nosotros o conmigo?" "¿Qué tiene la marca que te hizo elegirnos?" En teoría, tenemos que descubrir por qué han elegido entablar una conversación

con nosotros. ¿Fue un anuncio? Si fue así, genial, aumente la inversión publicitaria, si está funcionando, póngala a funcionar. Si es una recomendación, mejor aún, ¡es increíble! Es posible que te digan que leyeron algún anuncio que les resonó. Perfecto, has identificado una copia poderosa. Cualquiera que sea el punto de contacto que haya sido un catalizador, ahora puedes preguntarles qué les gustó. En este momento, ahora hablarán sobre qué tan bueno es su producto y cuánto les gusta. Les están convenciendo de lo bueno que es tu producto y de cómo se alinea con sus objetivos.

3. "¿Cuál es el propósito ahora?" ¿A dónde quieren llegar? ¿Tiene planes para ayudarlos a llegar a ese destino? Será difícil guiarlos o mostrarles que las soluciones que ofrece son adecuadas para ellos si no sabe adónde intentan llegar. Actualmente, esto puede diferir significativamente en lo que están buscando. Fundamentalmente, sería mejor vender un producto que proporcione un ROI (Retorno Sobre la Inversión) particularmente atractivo. Les venderás algo para ganarles más dinero, darles más tiempo o hacerles la vida más fácil. Una breve explicación completa sería que gastas £20,000 con nosotros para asegurarse de poder duplicar la producción de sus fábricas en un 20% anual, lo que resulta en menores costos laborales y un aumento en las unidades transportadas por semana. Por lo tanto, si este equipo ofrece los beneficios clave, sería imprudente no adquirirlo; si el cliente te ha dicho que quiere reducir su plan de mano de obra, reducir los tiempos de

entrega y aumentar la producción, usted es un ganador. Esto es increíblemente fácil; sin embargo, tienes que hacerlo lo más simple posible.

4. "¿Por qué es eso importante para ti? ¿Por qué quieres hacer este cambio?" La motivación es uno de los factores más críticos. Sería útil si hicieras esta pregunta. Tienes que solicitar esta información si no sabes dónde están y por qué es fundamental. Será difícil dar valor a lo que buscan sin él.

5. "¿Podrías ayudarme a entender por qué estás aquí?" De nuevo, deseas que se expandan; la otra cara de la misma moneda es lo que sucederá si no obtienes el resultado que quieres. A veces la gente esconde la cabeza en la arena. Si es necesario, ahora puedes ofrecerles un escenario de pesadilla. Puede parecer cruel; sin embargo, algunas personas no reaccionan al sueño tan bien como a una pesadilla. Trabajo desde un lugar avanzado de optimismo y el sueño es mi *trigger*. Sin embargo, para otros, tienes que venderles un competidor que supere la cuota de mercado, una insolvencia o una notificación de desalojo. Generalmente puedes utilizar uno; a veces tendrás que utilizar varios. Sin embargo, esto puede resultar incómodo, es posible que esté reconociendo los peores temores del cliente y eso puede ayudarlo a entender la profundidad de su solución y apoyo. Todos tenemos diferentes niveles de transparencia.

Etiqueta – Revisa su problema y utiliza sus palabras

Tono – Tranquilo Neutro

Velocidad – Normal

Tono – Normal

Emoción

Ahora, antes de ir más lejos, tienes que repetirles la información.

1. Has atendido la llamada hoy porque _____
2. Te has acercado porque _____
3. Tu objetivo ahora mismo es _____
4. Es importante para ti ahora mismo porque _____
5. ¿Es correcto?
6. ¿Tienes algo que te gustaría agregar?

Una vez que les repita eso utilizando sus propias palabras y sentencias, habrás creado una relación fundamental; has demostrado que comprendes su problema y puedes articularlo. Todos necesitamos ser escuchados y comprendidos.

Resumen de su dolor del pasado – Tómatelo con calma

Tono – Simpático

Velocidad – Normal

Tono – Normal

Esta sección garantiza de conseguir el error o el éxito de su trabajo del pasado.

"¿Qué has intentado en el pasado?" Esta pregunta permite entender las experiencias previas del cliente, identificando enfoques exitosos o no. Reconociendo los comportamientos que deben restablecerse o modificarse, puede marcar una diferencia más significativa en el resultado. También te ayuda a medir el nivel de entendimiento, compromiso y experiencia del cliente, lo cual es esencial a la hora de adaptar la oferta y establecer expectativas realistas.

"¿Cuál fue el resultado de eso?" Esta pregunta de seguimiento profundiza en los resultados de sus esfuerzos pasados, ofreciendo información sobre su relación con el tema en cuestión y si han logrado sus objetivos antes. Entender si son nuevos en este desafío o si han pasado por situaciones similares antes puede guiarlo a determinar el curso de acción, servicio o producto más adecuado para ayudarlos a lograr el resultado deseado.

"¿Cómo funcionó eso para tu persona?" Aquí hay una pregunta de oro que te permite evaluar el éxito de un producto o un servicio similar que hayan utilizado anteriormente, junto con cualquier posible deficiencia o decepción con su proveedor anterior. Adquiriendo este conocimiento, podrás adaptar tu discurso para abordar toda la inquietud o necesidad insatisfecha que puedan haber tenido en el pasado. Esto ayuda a generar confianza en tu oferta y supera cualquier resistencia potencial.

"¿Qué más has intentado?" Esta es una fantástica manera de entender sus experiencias previas con diferentes productos o servicios. Cuando mencionen algo que les encantó, pregúnteles sobre los aspectos específicos que disfrutaron.

Asimismo, si tuvieron una experiencia negativa, pídeles detalles sobre lo que no les gustó. Esta información te permite personalizar la oferta en función de sus preferencias, abordando cualquier punto débil para garantizar un resultado satisfactorio para el cliente.

"¿Cuánto tiempo lo hiciste?" Esta pregunta te ayuda a evaluar la apuesta y la investidura del cliente, tanto en las emociones como en las financias. Gestionar las previsiones es vital, especialmente si tienen plazos u objetivos poco realistas. Comprendiendo su periodo de tiempo, puede ofreciendo la orientación adecuada y explicarles lo que se puede lograr de manera realista, ayudándolos a alinear sus expectativas con el resultado esperado.

Añadiendo estas preguntas mejoradas en tus conversaciones con los clientes, obtendrás conocimientos más profundos, construirás relaciones más sólidas y adaptarás las ofertas para satisfacer perfectamente tus necesidades y expectativas. ¡Continúe haciendo estas preguntas reflexivas y lograrás entender y cumplir con los requisitos de tus clientes!

Es importante gestionar las relaciones y gestionar las expectativas.

Explique por qué no es su culpa; les faltaba una o dos piezas de la ecuación – afortunadamente, un proveedor anterior no los ha vendido mal porque ahora podría estar luchando contra mucha resistencia. Explícales por qué no alcanzaron el resultado querido; es posible que se hayan fijado objetivos poco realistas sin invertir bastantes recursos. Lo más importante es que seas sincero con ellos y se lo hagas saber. Para algunos, esto será positivo ya que refuerza su pensamientos, y para otros, les dará un momento de una realización. Sea transparente y razonable en tu oferta.

Justo aquí en este momento, decida si esta persona es adecuada para tu oferta. ¿Quieres una relación de trabajo con ella?

Opción Uno: Tienes una conversación abierta que aborda todos los temas. Esta conducirá a una comprensión transparente del panorama actual. Incluso podrías descubrir otros desafíos que aún no se han debatido. Es como arrancarse la banda ayuda – puede resultar incómodo por un solo momento, sin embargo es un paso hacia la curación y la claridad. In adicción, sacar todo a la luz puede aligerar la carga y allanar el camino para un diálogo constructivo. ¡Se trata de enfrentar la música y bailar al son de la comunicación abierta!

Opción Dos: Se apoya en excusas y promesas, que pueden evitar problemas temporalmente; sin embargo que pueden socavar la confianza, creando inseguridad en la relación con el tiempo. Esta ruta a menudo conduce a un ciclo de decepción cuando las acciones no llegan a las palabras. No es ninguna vergüenza admitir que no puede ayudar a un cliente o que no es la mejor opción para ti y tu oferta.

Siempre tienes que optar por la opción uno. Es una conversación concisa y significativa que te ahorrará tiempo a largo plazo.

En este momento, formula la pregunta: "¿Tiene esto sentido?" A ellos, probablemente recibirá un 'sí' como respuesta. Si no, esta es tu señal para preguntar sobre sus puntos de disconformidad. Si bien el término 'desacuerdo' puede parecer polémico, es fundamental para abordar las objeciones que pueden surgir, evitando que crezcan como una bola de nieve a medida que avanzan las discusiones. Para cuando cierre la venta, ese un problema inicial podría haberse ampliado. Discutir estas objeciones te permite abordarlas, reconocerlas en tu oferta y posiblemente identificar y afrontar inquietudes adicionales. Este enfoque proactivo evita que surjan inquietudes pasadas por alto o abordadas inadecuadamente más adelante en el proceso.

Venderlos el sueño

Tono – Confiado

Tiempo – Presente

¿Quieres saber cómo conseguimos resultados geniales? Este podría ser el motivo por el que el cliente se ha puesto en contacto contigo. Describe lo que haces, cómo logras los resultados y cuál será su viaje contigo. Establezca algunas metas que les gustaría alcanzar juntos.

Refuerzas su decisión de ponerse en contacto. Vas a una pizzería porque has oído que es única, así que ahora quieres la pizza. Empieza a explorar los diferentes productos y servicios que ofrece, el soporte, los puntos de contacto, la duración, el nivel de interacción del servicio, el nivel de inversión y la estructura de precios.

Ayúdelos con los obstáculos y desafíos que han estado enfrentando, dígales que muchas personas han tenido obstáculos similares. Tienes experiencia en lidiar con estos dilemas y tienes un plan de juego y soluciones listas para implementar. En esta fase estarán emocionalmente involucrados en las posibilidades que les esperan. Cuéntales tres datos clave que transformarán su situación actual. No los detalles ni el plan de juego completo. Tres cosas que marcarán la diferencia entre un resultado de negocio/objetivo exitoso y no.

- Tener una estrategia sólida y transparente
- Utilice recursos probados y comprobados
- Confíe en el apoyo y el asesoramiento de expertos

La siguiente parte es preguntarles si tienen alguna inquietud y las preguntas son las siguientes.

- ¿El producto satisface sus necesidades?
- ¿Quiere trabajar con nosotros?
- ¿Te gusta lo que has oído sobre nosotros y lo que has visto?
- ¿Puedes acceder a fondos o conoces a alguien que los tenga?

Vamos a empezar ¡Es la elección más lógica!

Ahora diseñe cuál será el proceso de trabajar juntos.

"El primer paso es darle acceso a nuestro software/IP/planes de capacitación.

El segundo paso es programar su primera reunión mensual de una hora.

El tercer paso es que te reservaremos tus retiros trimestrales de fin de semana.

El cuarto paso es que le daremos acceso a su entrenador diario".

En este punto, la venta puede realizarse por dos vías.

Puedes ir por suposición:

Vamos a empezar. Necesito tu número de tarjeta largo.

O

¿Te gustaría pagar en una sola entrega o prefieres fraccionar los pagos?

Prepárate para uno de los puntos más peligrosos de una venta, tienes que mantener tu concentración en esta fase.

Pueden decir una de tres cosas:

1. ¡Necesito pensar en ello! - Genial, ¿en qué quieres pensar?
2. ¡No estoy seguro! Maravilloso, ¿de qué no estás seguro? Explorémoslo juntos.
3. ¡No estoy listo! Increíble, cuando dices que no estás listo, ¿a qué te refieres?

Tienes que escuchar lo que tienen que decir; si no lo entiendes, pídales que lo amplíen. Son un ser humano más. Entonces, tengas una conversación y recuerdes que eso incluye escuchar, no solo hablar.

Por favor, no se emocione, no se ofenda ni lo tome como algo personal.

Si puedes enumerar sus objeciones a tu producto, definitivamente estás en la justa dirección. Sin embargo, es esencial evitar sentencias como "confía en mí" o "para ser honesto", ya que pueden generar inquietudes o parecer poco sinceras. Siempre es mejor mantener un diálogo directo y abierto para abordar cualquier problema de frente.

Explique sus preocupaciones

Tono – Calma

Velocidad – Normal

Tono – Normal

Ahora diles esto:

"Entiendo que usted puede ser reacio a realizar esta inversión de capital y tiempo. Entiendo. He estado en la misma situación muchas veces (falta de recursos, tiempo, dinero o cualesquiera que sean las circunstancias). Es más difícil elegir; es más difícil tomar esta decisión en lugar de simplemente esperar que las cosas mejoren".

"Sé lo que se siente más cómodo. Sin embargo, eso nos ha llevado a este momento; necesitamos cambiar, comprometernos con una nueva dirección y progresar". Aquí está la realidad.

"Si no te incorporas y nos dejas trabajar contigo, ¿dónde estarás seis meses?" Podría tener menos opciones, capital y tiempo. Es posible que no le quede energía para hacer el cambio.

¿Dónde estarías si hubieras empezado a trabajar con nosotros hace seis meses? ¿Si se hubiera unido a nuestro programa, hubiera comprado nuestro producto, hubiera tenido nuestro aporte, nuestro apoyo, hubiera trabajado con nuestros entrenadores, nos hubiera permitido resolver sus problemas y ayudarlo a implementar soluciones? Puedes controlar las dos realidades en los próximos seis meses mediante la elección que hagas hoy.

"Me has dicho que estás luchando con":

1. No hay suficientes clientes
2. Una estrategia confusa
3. Falta de contenido
4. Mala retención
5. Mala visibilidad en el mercado
6. Demasiado gordo
7. Demasiado delgado

"No has podido resolver estos desafíos por ti mismo, no hay vergüenza en admitir que te beneficiarías de nuestro suporte. Así que vamos, vamos a llevarte hacia la meta/destino por el que te has estado esforzando".

Este sistema te da una idea transparente de lo que necesitas para lograr los pasos para cerrar una venta.

Ahora tienes un excelente marco y comprendes lo que se incluye en un sistema de ventas ganador. El secreto para que esto funcione es conseguir que los representantes participen. ¿Puedes memorizar todas estas preguntas? Claro que sí. La parte más importante es prepararse para las respuestas que obtendrá y luego para las preguntas que seguirán. La repetición te dará memoria muscular y aumentará tu confianza.

Ahora tienes un gran conocimiento de la comunicación, las decisiones de compra y los comportamientos humanos.

Sería absurdo suponer que, cuando se trata de guiones o sistemas de ventas, existe una solución única para todos. Entonces, quiero compartir contigo un segundo sistema, quién sabe, podrías fusionar diferentes partes o incluso escribir el tuyo propio.

He tenido gran éxito con el siguiente sistema y me gusta tanto que le he puesto mi nombre. Es fácil de recordar porque es mi segundo nombre, Ritchie.

R - Construcción de Relaciones

Inicie la conversación con un saludo cálido y personalizado. Preséntate completamente, irradiando positividad y entusiasmo. Solicite a su cliente potencial que comparta qué lo motivó a programar esta discusión. Profundice en sus expectativas y objetivos, reflejando una sensación de comprensión y empatía.

1. "Hola [Nombre], ¡es increíble conectar contigo hoy! Soy [Su nombre] de [Empresa]. ¿Cómo estás hoy?"

2. "Antes de profundizar, ¿podrías compartirme qué despertó inicialmente su interés en [Empresa/Producto]?"

3. "¿Qué resultados o mejoras específicos espera lograr en tu situación actual?"

4. "Agradezco tu tiempo y espero encontrar la mejor solución para ti".

I - Iluminar Necesidades

Utilice preguntas abiertas para obtener conocimientos más profundos sobre su negocio. Descubra sus ambiciones de crecimiento, sus objetivos para el próximo año y la importancia que te dan a los resultados potenciales. Explore sus estrategias pasadas, obstáculos y cualquier factor que les impida alcanzar su objetivo. Resuma sus principales problemas y repítalos para afirmarlos.

1. "¿Puedes compartir algunos desafíos que enfrentas actualmente en tu negocio/función?"
2. "¿Qué objetivos espera alcanzar en los próximos 12 meses?"
3. "Si pudieras ponerle un valor al logro de estos objetivos, ¿cuál sería?"
4. "¿Has tomado alguna medida en el pasado para abordar estos desafíos? Si es así, ¿cuáles fueron los resultados?"
5. "¿Qué se interpone actualmente en tu camino para alcanzar estos objetivos?"
6. "¿Podrías ayudarme a entender qué te hace volver a este problema?"

T - Solución a Medida

Una vez recopilados datos relevantes, realice la transición sin problemas afirmando: "A partir de nuestra discusión, así es como puedo ayudarlo...". Personalice esta propuesta para abordar sus desafíos únicos, destacando cómo tu servicio los aliviará. Detalle cómo tu apoyo, recursos y consejos serán valiosos. Venda la experiencia transformadora, no sólo el servicio.

1. "Basándonos en lo que has compartido, podemos ofrecerte una solución que aborde sus necesidades específicas. ¿Te gustaría saber cómo nuestro producto/servicio puede ayudarte?"

2. "Nuestro producto/servicio proporciona una estrategia clara y sólida para abordar [mencionar un problema o desafío específico]".

3. "También ofrecemos recursos probados para [mencionar otro problema o área de crecimiento]".

4. "Con el apoyo de nuestro equipo de expertos, tendrás orientación y asesoramiento en cada paso del camino".

C – Contra Objeciones

Trate sus objeciones con paciencia y empatía. Aborde sus reservas sobre precios, plazos u otros factores. Tranquilícelos respondiendo a sus preguntas y animándolos a reconocer el valor que ofrece su producto o servicio. Adopte frases como "Entiendo de dónde vienes. Sin embargo, ¿puedo presentarte otra perspectiva?"

1. "Entiendo tu preocupación por [objeción específica]. Discutamos más a fondo para poder ofrecerte la mejor solución posible".

2. "Cuando dices que el precio es demasiado alto, ¿podrías ayudarme a entender qué valor o resultados espera de tu inversión?"

3. "Si el problema es el tiempo, ¿podríamos explorar un cronograma de implementación que funcione para ti?"

H - Beneficios del Heraldo

Enfatice las ventajas de tu producto. Recuérdeles el trío que puedes revolucionar su negocio: una estrategia sólida y sólida, recursos probados y asistencia experta. Complemente sus afirmaciones con testimonios o historias de éxito de clientes satisfechos.

1. "Permítame reiterar los beneficios clave de nuestro producto/servicio que aborda directamente tus necesidades..."

2. "Además me gustaría compartir algunas historias de éxito de otros clientes con desafíos similares..."

3. "Teniendo en cuenta tus objetivos de [repetir objetivos], nuestro producto/servicio está diseñado para ayudarte a lograr eso y más".

I - Instigar la Acción

Fomentar el compromiso y la acción inmediata. Use sentencias como "Embarquémonos en este viaje hacia el éxito" o "Imagine su puesto dentro de seis meses sin nuestra cooperación". Luego, guíelos a través de los siguientes pasos.

1. "Ahora que hemos visto cómo nuestra solución satisface tus necesidades, empezar con nosotros es una opción lógica y beneficiosa. ¿Qué opinas?"

2. "Considere dónde podría estar dentro de seis meses con nuestra solución implementada. ¿Continuamos con los siguientes pasos?"

3. "¿Te gustaría aprovechar nuestra [oferta especial/descuento]

que tenemos actualmente?"

E - Garantizar la Satisfacción

Postventa, mantener contacto y verificar la satisfacción del cliente. Si están contentos, fomente las referencias. Si hay inquietudes, direcciona de inmediato y asegúrate de que se sientan cómodos con la decisión que tomaron. Sentencias como "¿Estás satisfecho con tu compra?" y "¿De qué otra manera podemos servir?" Puede ser utilizado. Refuerce tu decisión reiterando los beneficios de los que ahora tienen conocimiento.

Considere este refinado script del sistema de ventas de RITCHIE como un marco dinámico adaptable a cualquier situación de ventas. Recuerde, la práctica constante es esencial para perfeccionar este método.

Asegúreles tu continuo apoyo y colaboración.

1. "Estamos comprometidos con tu éxito incluso después de esta llamada. Nuestro equipo de atención al cliente estará allí en cada paso del camino para garantizar una implementación fluida y ayudarte a aprovechar al máximo nuestra solución".
2. "Programemos una llamada de seguimiento en unas semanas para saber cómo van las cosas y si hay alguna otra forma en que podamos apoyarlo".

Este sistema de ventas de RITCHIE aprovecha la conexión personal, la empatía y la visualización más profundas para crear una narrativa convincente para el potencial cliente, haciendo que el proceso de ventas sea más atractivo y exitoso.

¿Recuerdas que mencioné mi primer negocio, el valet de autos de Crispy (el número uno en Europa, bueno, Largs de todos modos)? Solía simplemente preguntar a los clientes potenciales: "¿Te gustaría que te lavaran el coche?" Esto daría como resultado un sí o un no y la tasa de conversión sería del 25%. Sin embargo, cuando pregunté a las mismas personas: "¿Te gustaría un lavado de autos completo y eficiente a un precio económico?" La conversión subió al 80% y también vimos un aumento en las propinas.

*En el Reino Unido, los aparcacoches limpian y detallan los coches en lugar de aparcarlos.

* Crispy era mi apodo en la secundaria, lamentablemente ya nadie me llama así

Viendo el panorama general, tenemos que reconocer el poder y el impacto del sistema de ventas de RITCHIE. Es un enfoque de ventas integral, que abarca todo, desde ese 'hola' inicial hasta el 'te respaldamos', incluso después de la venta. El sistema consiste en ser personal, entender el mundo de su cliente potencial, adaptar tu producto a tu narrativa y mantenerse firme ante las objeciones. Todo esto mientras se garantiza que se sientan bien con tu decisión y se continúa fomentando ese vínculo posterior a la venta. Con el sistema de ventas de RITCHIE no se limita a vender. Te estás involucrando y teniendo éxito de una manera más profunda y significativa.

Puntos Clave:

1. El sistema RITCHIE no es sólo una herramienta. Es una caja de herramientas completa. Es un manual integral para su viaje de ventas. Desde calentar al potencial cliente con la construcción de una buena relación hasta garantizar su satisfacción después de la venta. Todo está ahí, recordándonos que vender se trata de todo el viaje, no sólo del destino.

2. En la personalización, amigo mío, es donde ocurre la magia. Estamos tratando de encajar en la historia del cliente potencial. Al sintonizarnos con sus necesidades, esperanzas e inquietudes y elaborar nuestras soluciones para hablarles directamente, los hacemos sentir vistos y comprendidos. Eso crea una narrativa de ventas poderosa y agrega valor real a su experiencia.

3. Recuerda la práctica y la preparación. Se trata de tener preparadas las preguntas adecuadas, claro que sí. Sin embargo, también se trata de estar preparado para las respuestas que obtendrá y cómo responderá a ellas. Eso incluye cómo abordará las objeciones y les asegurará los beneficios de su producto o servicio. Este tipo de preparación genera confianza y afina su juego de ventas.

CAPÍTULO CUATRO

¿QUÉ? LA IMPORTANCIA DE LA HABILIDAD DE ESCUCHAR

Podrías notar que comparto cuentos y anécdotas en mis capítulos para explicar lo que cubriré. Por ejemplo, la historia de convertirse en peluquero, conocer a Frankie Cho y escalar el Ben Nevis. Este capítulo es muy diferente y necesito tu colaboración.

Hace muchos, muchos años, tuve mi primera experiencia de inmersión. En el Parque Nacional Ras Mohammed, lo que podría haber sido una sirena nos dio una sesión informativa sobre la inmersión. La instructora repasó su informe y, mientras hablaba, me enamoré. Los pájaros volaban alrededor de mi cabeza y su voz fue reemplazada por la de los carpinteros que cantaban "Close to You". Ella me preguntó: "Stephen, ¿entiendes lo que te he dicho? Es muy importante."

Desgraciadamente, me había quedado dormido y no había prestado atención a lo que ella me estaba diciendo. Vergonzosamente, tuve que admitir que no entendí nada y le pedí que lo repitiera. Esta vez me concentré en la información; afortunadamente, fue una inmersión segura.

Podemos distraernos rápidamente, así que tómate el tiempo para desarrollar tu concentración y tus capacidades para escuchar.

Ponga cualquier dispositivo en silencio o seleccione un modo de enfoque/no molestar. Configure un cronómetro durante un minuto. Todo lo que quiero que hagas durante el próximo minuto es respirar. No quiero que hagas nada más que inhalar y exhalar. Lo digo en serio. Siéntate durante un minuto en silencio.

- ¿Cuál fue tu experiencia?

- ¿Fue un poco desagradable?

- ¿Tuviste muchos pensamientos rondando por tu cabeza?

- ¿Podrías controlar tus pensamientos?

- ¿Se sintió lleno de paz interior y una sensación de calma?

Es probable que necesites hacer algo con los dedos, mirar algo, escuchar o hablar. Nos encanta hablar. Si somos entre o consultor o trabajamos en ventas, ese es uno de nuestros favoritos.

A los clientes les resulta difícil hablar, especialmente si intentan desahogarse de algo que les preocupa o pedir ayuda. Por lo tanto, tendrás que sentirte cómodo con el silencio y sin hablar. Seré honesto, es extraño, sin embargo cuanto más lo hagas, más fácil te resultará.

He visto a personas convencerse de no realizar una venta porque necesitaban hablar. ¿Recuerdas en el capítulo tres cuando hablábamos de personas que comunicaban demasiado rápido?

No se puede subestimar el poder del silencio. En verdad, podrías convencerte de no realizar una venta. Cuando hagas una pregunta, respondas solo para tu cliente potencial si es retórica. Resiste la tentación de llenar el silencio hablando. Es posible que hayas tenido la misma conversación innumerables veces, sin embargo todo esto es nuevo para tu cliente potencial.

¿Qué me dices pero no dices?

A veces los clientes te dirán algo falso (increíble, lo sé), y puede ser porque no quieren decir que no. En esta fase, no se trata de decir no; es posible que no estén seguros. En ese momento, no me refiero a obligar a un cliente a realizar una venta. Se trata simplemente de pedirles que amplíen los sentimientos y pensamientos que puedan tener que no comparten. Es posible que hayan hecho suposiciones basadas en sus prejuicios.

1. "No tengo dinero en este momento" podría significar "Soy reacio al riesgo".
2. "Ahora no es el momento adecuado" podría significar que no confían en ti.
3. "Necesito pensar en ello" podría significar "Tengo demasiado miedo para decirte lo que pienso".

¿Recuerda que hablamos de hacer preguntas incómodas a los clientes?

Aquí es donde las ruedas encuentran el camino.

1. "¿Qué quieres decir con que no tienes dinero en este momento? ¿No estás seguro de mí, de nosotros o del producto? Pues, no comencemos".

2. "Nunca hay un momento adecuado; para que las cosas cambien o avancen, tienes que tomar medidas para crear acción".

3. "¿Qué necesitas para pensar? Es poco probable que la situación cambie por sí sola". Cuando empiezan la pantomima de contar historias, tenga la fuerza y la determinación de pedirles que amplíen con más detalles.

Me viene siempre a la memoria la película *Jerry Maguire* de Cameron Crowe, donde Tom Cruise le suplica a Cuba Gooding Jr en la escena "Ayúdame a ayudarte". La realidad es que ambas partes necesitan conocer exactamente lo que necesitan y quieren. Se podría pensar que sería fácil llegar a este procedimiento; sin embargo, la verdad es que los individuos están tan preocupados por ser vendidos que preferirían salir del edificio o salir de la llamada.

Cuando te digan: "No es el momento adecuado", puedes asentir, haciendo una pausa y diciendo: "Pues, ¿cuándo sería el momento adecuado?". Si no dicen nada, puedes hacer otra breve pausa y decir: "Bien, ¿puedes decirme cuándo sería el momento adecuado?"

Te sentirás obligado a rellenar ese silencio con un ruido pero no lo hagas. El silencio es oro y, generalmente, le da tiempo a tu cliente potencial para articular sus pensamientos y procesar la información.

Es más probable que amigos, familiares y prospectos le digan una pequeña mentira que confronten una gran verdad. ¿Por qué? Porque es más cómodo y sencillo. Pregúntele al niño promedio si se ha cepillado los dientes antes de acostarse.

"¿Estás seguro? X tres." Entonces, eventualmente, será un no. Ocurre más de lo que pensamos.

- *¿Qué pasa?* ¡Nada!
- *¿Qué quieres comer?* Cualquier cosa
- *¿Cuándo terminarás?* 5 minutos
- *¿Dónde estás?* Estoy en la esquina.
- *¿Cómo está tu comida?* Es excelente.
- *¿Has ordenado tu estancia?* Sí
- *¿Te has lavado los dientes?* Sí
- *¿Qué quieres ver en la televisión?* Cualquier cosa

Todas estas respuestas son indicaciones erróneas, sin embargo las decimos con tanta frecuencia que resultan natural. A veces, es para evitar molestias; otras veces, no tenemos la amplitud mental para lidiar con los problemas y, a veces, la verdad en nuestra mente es que no es tan importante.

¿Cuántas veces has estado al final de cualquiera de estas conversaciones comunes? Estas respuestas estándar son como un autopiloto verbal.

Recuerdo estar en un mercado en México; cada vez que pasaba por un puesto, la gente intentaba venderme algo. Ha sido siempre muy educado, diciendo que no, gracias no me interesaba nada y luego pasé al siguiente stand. Este tipo se me acercó y me preguntó: "¿Quieres comprar un cuadro?"

"No", respondí.

"Pues, no quiero vendértelo. Simplemente me gusta tu dinero".

Aplaudimos la honestidad, sin embargo ¿fue eso lo correcto? Probablemente no. ¿Era la verdad? Sí.

La condición humana es una mentalidad compleja y en continua evolución. Estamos llenos de contradicciones. Entonces, en lugar de intentar atraparlos con contra objeciones, comportémonos de manera más ética y admirable posible. Trate a tus potenciales clientes como le gustaría que lo trataran a ti. Hacer más preguntas, explorar las posibilidades con los clientes, ser valiente con las preguntas y, lo más importante, escuchar.

La Audición Activa es una Habilidad de Ventas Fundamental

Esta capacidad implica focalizarse completamente en la comprensión, la respuesta y recuerdo de lo que se dice.

En un contexto de ventas, no se trata simplemente de escuchar las palabras que dice el cliente; se trata de captar sus emociones, comprendiendo sus necesidades y leyendo sus pensamientos implícitos.

La audición activa implica:

Prestar la atención: Preste a tu cliente toda tu atención. Evite las distracciones y la tentación de planificar una respuesta mientras todavía están hablando. (¡Es un desafío para mí!).

Demuestre que estás escuchando: Utilice señales no verbales como asentir, contacto visual y sentencias como "Ya veo", "Sigue", etc.

Deje comentarios: Parafrasear lo que el cliente ha dicho para asegurar la comprensión, haciendo preguntas para aclarar puntos y resumiendo los comentarios del orador periódicamente.

La práctica de la audición activa se puede realizar mediante ejercicios de juego de roles en los que un individuo habla y el otro escucha activamente: pues, ambas partes intercambian sus roles. Esta práctica te ayudará a ser más competente en la audición activa". ¿Se siente raro? Sí. ¿Mejorará tus habilidades? ¡Por supuesto!

Un paso más allá de la audición activa es la escucha empática o con la intención de entender los sentimientos y emociones del hablante. Esto te permite entender más profundamente las motivaciones, los miedos y las aspiraciones de tu potencial cliente. Escuchar con empatía podría ayudarte a adaptar sus respuestas y soluciones a las necesidades emocionales de tu potencial cliente, lo que generará una conexión y una confianza más sólidas entre ti y el potencial cliente.

Los ejercicios para mejorar las capacidades de la audición empática pueden incluir escenarios de juegos de roles en los que se te pide que identifique y articule las emociones del hablante, o actividades regulares de diario en las que reflexione sobre los sentimientos y motivaciones detrás de las acciones y palabras de los individuos con los que interactúa.

Tómate el tiempo para practicar tus habilidades de audición. Sé que lucharás contra el impulso de llenar el silencio. Sin embargo, se sentirá cómodo y estarás listo para hacer preguntas más fuertes.

Puntos Clave:

1. **El Poder del Silencio:** Una de las lecciones centrales de este capítulo es la importancia del silencio y la habilidad de abstenerse de hablar, especialmente durante los momentos más críticos durante las ventas o las consultas. La necesidad de llenar el silencio podría ser contraproducente y potencialmente llevar a uno a convencerse a sí mismo de no llegar a un acuerdo. Es fundamental dejar que el potencial cliente se exprese plenamente y se siente cómodo con las pausas en conversación.

2. **Audición Activa y Empática:** Escuchar activamente y empáticamente es crucial para las ventas. Va más allá de simplemente escuchar palabras, para entender las emociones, las necesidades y los pensamientos no expresados del cliente. Mostrando una atención total, ofreciendo comentarios y reconociendo los sentimientos del orador, podemos fomentar una conexión y una confianza más sólidas con nuestros potenciales clientes, lo que conducirá a resultados más exitosos.

3. **Verdades Tácitas:** El capítulo pone de relieve la tendencia humana más común a recurrir a falsedades menores para evitar incomodidad. Estas pequeñas desviaciones o mentiras pueden convertirse en una parte natural de las conversaciones cotidianas. Ser consciente de esto puede ayudar a los vendedores o a los consultores a entender mejor a tus clientes, formulando respuestas capaces de abordar las verdades subyacentes, en lugar de sólo las declaraciones superficiales.

CAPÍTULO CINCO

CONSTRUYENDO CONFIANZA Y CREYENDO EN TI MISMO

Ahora no sé si te gustan los buenos restaurantes; sin embargo, uno de mis favoritos es *The Ivy* en Londres. Son de clase mundial en todo. Los camareros pueden decirte de dónde proviene la comida, cómo se presenta, los mejores acompañamientos y qué vino elegir por cada plato. Todo se describe sin vacilación, pretensión o ego.

El personal es evaluado antes de empezar el turno, si no responden una serie de preguntas sobre el menú de alimentos y bebidas, no les permite ingresar al turno y se los envía a casa. La comida es excelente y el entorno del restaurante es maravilloso; sin embargo, el servicio es perfecto desde que llegas hasta que te vas. El personal es como un cruce entre bailarinas, diplomáticos y lectores de mentes. Moverse por un espacio animado con gracia y elegancia, respondiendo preguntas y siempre anticipando su próxima solicitud. Si tienes la oportunidad de visitarlo, te lo recomiendo firmemente. Más de 25 años después de mi primera visita, todavía me emociona por las posibilidades y experiencias que te esperan cruzando la puerta.

¿Puedes encontrar mejores restaurantes en Londres? Claro que sí; sin embargo, *The Ivy* es uno de los mejores.

Comprométete con el objetivo de convertirte en clase mundial. No te limite a arreglárselas sin un mínimo esfuerzo, y no confíe únicamente en tu propia personalidad y carisma para llevar a cabo. Adopte la seriedad profesional, aspire a la excelencia y busque continuamente formas de mejorar cada aspecto de tus capacidades. La mejora continua debería ser tu mantra.

//Tengo un amigo llamado Rudy, un veterano respetado que sirvió con distinción tanto en Irak como en Afganistán como parte del estimado Primero Batallón de Reconocimiento del Cuerpo de Marines de los Estados Unidos. Tiene un historial profesional ilustre que incluye una graduación de las escuelas de Buceo Combatiente, Explorador/Francotirador y Búsqueda, Evasión, Resistencia y Escape (SERE) del Cuerpo de Marines. Como testimonio de sus habilidades y experiencia, trabajó como contratista antiterrorista para el Departamento de Defensa y capacitó a guardabosques africanos en técnicas avanzadas contra la caza furtiva. Su servicio excepcional ha sido reconocido con más de 16 medallas.

Rudy es la encarnación de lo que se puede considerar extraordinario, tanto a nivel profesional como personal. Recuerdo una conversación que tuvimos sobre los elementos basilares de su formación. Identificó cuatro puntos centrales: aptitud, habilidad, disciplina y conocimiento. Se ha esforzado hasta tal punto que hitos importantes, como correr una maratón, son simplemente parte de su ejercicio físico rutinario. Esta dedicación le ha ayudado a convertirse en un deportista de élite.

La búsqueda incesante de Rudy de tareas desafiantes y su compromiso de invertir tiempo en perfeccionar sus habilidades son encomiables. ¿Por qué elige este camino? Porque entiende que es a través de la adversidad y el trabajo duro como mejoramos. Sólo puedo imaginar dónde estaría si hubiera elegido el camino de menor resistencia y hubiera evitado el trabajo duro.

Rudy ha trabajado en algunos de los entornos más difíciles del mundo, se ensució las manos, aprendió de los mejores y mírelo ahora. Es un héroe, un modelo a seguir, un verdadero testimonio de lo que se puede lograr con dedicación y trabajo duro. ¿Y sabes qué más? No se detuvo ahí. Tomó todo ese valor, esa actitud de "nunca digas morir", canalizándolos en todos los aspectos de su vida.

Supera continuamente sus límites, se mantiene en forma y se desempeña como un atleta de élite. No porque deba hacerlo, sino porque sabe el valor de mejorar siempre, de ser siempre mejor que ayer. Y seamos honestos, ¿cuántos de nosotros podemos decir que estamos esforzándonos tanto? No muchos, apuesto.

Por eso la historia de Rudy es tan importante. Es una señal clara para todos nosotros de que no podemos permitirnos el lujo de seguir adelante con nuestros trabajos y nuestras vidas. Personalidad, carisma, te pueden llevar muy lejos, seguro. Sin embargo, al final del día, se trata del trabajo que pones, el conocimiento que reúnes y cómo usas todo eso para ser lo mejor que puedes ser.

Entonces, tomemos una hoja del libro de Rudy. No tomemos el camino fácil. Comprometámonos a mejorar cada día, cada momento. Y apuntemos a ser de clase mundial en todo lo que hacemos. De eso se trata, ¿no? Es la única manera de ser la mejor versión de nosotros mismos. ¿Entonces que estamos esperando? ¡Vamos a empezar!

Enlista 10 habilidades que tenga y con las que esté satisfecho, por ejemplo:

1. Audición activa
2. Gestión del tiempo
3. Gestión financiera
4. Inglés escrito
5. Inglés hablado
6. Negociación
7. Resolución de problemas
8. Gestión y planificación de proyectos
9. *Networking*
10. Presentación

Enlista 10 habilidades que te beneficiarían o crees que debería aprender:

1. Hojas de cálculo
2. CRM
3. Presentaciones
4. _____

5. _____

6. _____

7. _____

8. _____

9. _____

10. _____

Depende de ti, puedes hacerlo tan fácil o difícil como quieras; cuanto más complejo, mejor será. Date 10 capacidades que dominarás. Estos pueden desarrollarse diariamente, semanalmente o mensualmente.

Cuando trabajaba en peluquería, descubrí que algunas tareas me resultaban fáciles y otras difíciles.

La mayoría de las personas empiezan naturalmente con tareas fáciles, como un simple corte de pelo o un secado básico con secador. Eligen algo fácil que no exija ni desarrolle sus habilidades.

Sin embargo, la verdadera gratificación y el desarrollo provienen de desafiarte a ti mismo y abordar tareas complejas. La clave es descubrir qué es lo que le resulta complejo y concentrarse en mejorarlo. Al hacerlo, convertirás tus puntos débiles en puntos fuertes.

De tu lista de las 10 capacidades principales, escribes todas las cosas que odias hacer.

1. _____

2. _____

3. _____

4. _____

5. _____

6. _____

7. _____

8. _____

9. _____

10. _____

Si estas son las cosas que odias, tienes dos opciones - abrazarlas o resistirte; sin embargo, como dijo The Borg, "La resistencia es Inútil". Por favor, dime que tengo algunos fans de *Star Trek* entre mis lectores. Apuesto a que todos pensaron que les iba a dejar caer un poquito de Carl Jung.

Si esperas que la punto débil desaparezca, te equivocarías. Como llamar a tu abuela, cuanto más lo dejes, más difícil será llamar.

Todo lo que vas a hacer es llevar esa debilidad contigo, se pondrá más pesada, enorme (en tu mente) y te corroerá constantemente. "¿Cuándo vas a afrontar ese problema?". En cambio, identifique la debilidad, obtenga suporte, tutoría o entrenamiento, convirtiendo esa debilidad en una fuerza.

Imagínate si convirtiéramos incluso una de estas debilidades en una solidez. Piense en los músculos de aprendizaje que ejercitarás y en cuánto mejor serás para enfrentar todos los desafíos. Tu confianza aumentará, te volverás más feliz y, además, verás un cambio en tu rendimiento.

Ahora, esperanzadamente, no tienes 10 cosas que odies de tu trabajo o del proceso de ventas.

Imagine que haces estas mejoras:

- Podría ser que sólo te tomes un tiempo determinado para

almorzar.

- Responder a todas las potenciales llamadas dentro de un período establecido.

- Completar la integración y envías los inicios de sesión dentro de un tiempo específico.

Cuánto más eficaz serías si pudieras realizar 10 mejoras.

Conviértete en lo mejor que puedas, porque cuando estás más ocupado, necesitarás tener esto tipo de sistemas y disciplinas en su lugar. Llegarás a un punto en el que se aplicará presión y la única forma de mantener el control sin agotarse es utilizar disciplinas y sistemas diarios.

Entonces, nuevamente, escríbalo, comprometa el tiempo y una vez que lo haya completado, fíjelo en sus notas, conviértalo en su protector de pantalla e imprímalo para que pueda verlo todos los días. Lo siento, no lo siento, esta lista se correlacionará directamente con su desempeño, sus ganancias financieras, cómo lo ven los demás y cómo se ve a sí mismo. Así que vamos, ponte en marcha.

Así que de nuevo, este hábito puede empezar a filtrarse en otras partes de tu vida y aquí está la pregunta: enfocarás esa parte de tu mente.

Hace diferentes años, era selectiva con la comida, lo cual es una locura porque intentaré cualquier cosa cuando sea adulta. Una de las comidas que odiaba era la carne picada y las patatas. Sin embargo, extrañamente, ahora es uno de mis favoritos.

Siempre me ha encantado el puré de patatas, así que cuando me enfrentaba a comer esto, me comía todo el puré, "Mmm, sabroso" y después, una vez que lo terminaba, tenía que comerme la carne picada.

Y no me gustó. A menudo, cenar esto terminaba en lágrimas.

Un plan que empleé fue cubrir toda la carne picada con puré de papas, o a veces comer tantas papas como pudiera y luego dejar suficiente para cubrir la carne picada, ninguna de estas estrategias funcionó.

Se me ocurrió que un factor que contribuyó fue que cuando llegué a hacerlo, la carne picada estaba fría y ahora sabía aún peor. Por lo tanto, la nueva estrategia era comer la carne picada por primero mientras estaba bien caliente, y después, una vez terminado, ahora podía disfrutar el puré de papas sin preocuparme por la carne picada. Cuando se trata de su proceso de ventas, tendrá algunos agujeros o puntos débiles y, en lugar de pensar o confiar en las fuerzas que los cubren, debe hacerlos lo más fuertes y enfocados posible.

Adoptando este costumbre, no sólo calmará la voz molesta en su cabeza, sino que también equilibrará su enfoque en las presentaciones, aumentará su confianza y cambiará su forma de percibir los desafíos. Este cambio mental también empezará a influir en otras áreas de tu vida.

Así que busca la carne picada, no los tatuajes – ¡podría conseguir eso en una camiseta!

Y de nuevo, anote este ejercicio y considera seriamente dónde eres fuerte y dónde débil.

¿Qué podrías solucionar? ¿Dónde necesitas ayuda?

Podría ser un software nuevo y desconocido. Tal vez no tengas la mejor idea de cómo crear una hoja de cálculo o utilizar HubSpot, simplemente reserva algo de tiempo y ocúpate de ello. Por el contrario, es posible que desees mejorar o profundizar en tu guion de ventas.

Aquí hay algo que quiero que comprenda: vender es una forma de arte de comunicación creativa. Siempre tienes que buscar mejorar detectando conocimientos, perfeccionando tus herramientas y buscando siempre aplicaciones que hagan que usted y sus clientes hagan el trabajo más gestionable.

Por eso te estás tomando el tiempo de leer este libro. Entonces, ¡bien hecho! Estás en el camino correcto, aprovecha todo lo que puedas de este libro y sigue construyendo, progresando y desarrollando tus habilidades.

Ahora has anotado todas las cosas que tienen ocurrir para que seas una mejor versión de ti mismo. Comprométete con una fecha para completar/superar/aprender cada una de estas tareas. Si vas a pedir ayuda a alguien, anota quién es y llámalo. Llame a una persona para pedirle ayuda y suporte.

Ni más tarde, ni mañana, ni a finales de mes. Hazlo ahora. Simplemente llame y diga: "Oye, quiero pedirte ayuda y consejo sobre este tema. La mayoría de la gente va a decir que sí".

Este libro quiere describir cómo hacer algo. Cualquiera persona podría leer un libro; sin embargo, en mi opinión, lo más importante es utilizar todo ese conocimiento y aprovecharlo. Tienes un talento maravilloso, hay algo de detonante en ti. Mantenga el impulso.

A menudo me preguntan: "¿Cuál es el secreto de las ventas?" O "¿Cómo puedo mejorar mi estrategia de ventas?"

Esta es el secreto. Son solo dos personas que tienen una conversación muy focalizada.

Desarrollar Hábitos Positivos en las Ventas

Fomente una comprensión de tu producto o servicio que coincida con la profundidad y amplitud de un servidor con el conocimiento de *The Ivy* sobre sus ofertas. No más improvisación ni basándose únicamente en el encanto. Apunte a un profesionalismo de clase mundial, a una búsqueda incesante de mejora y refinamiento.

Disciplinas Diarias:

1. **Competencia con el Producto:** Dedique tiempo cotidiano para mejorar la comprensión de tu producto o servicio. Esté preparado para articular todos los beneficios concisamente.

2. **Autoevaluación:** Realice un análisis FODA diario para identificar y perfeccionar todas tus fuerzas y debilidades de ventas.

3. **Afronte los Desafíos de Frente:** Identifique las tareas o pasos del proceso de ventas que te resulten exigentes. Plantea una cuestión todos los días.

4. **Aprendizaje Continuo:** Elija una nueva capacidad o técnica de ventas para aprender semanalmente. Reserve tiempo cotidiano para este aprendizaje específico.

5. **Compromiso del Mentor:** Identifique un consejero o entrenador en su campo y ordena sesiones semanales para discutir su progreso y obtener comentarios.

Sea anticipatorio, profesional y listo.

Confiar en Ti y Aumentar Tu Autoestima

No te deje disuadir por los aspectos más difíciles de tu papel.
Abrázalos. El camino hacia el crecimiento personal y el aumento de tu
autoestima está lleno los desafíos que enfrenta y que supera.
Transforme las debilidades en fuerzas para ser testigo de cómo tu
confianza en ti puede incrementar.

Disciplinas Diarias:

1. **Priorice los Desafíos:** Empiece el día con la tarea que te
   parece más complicado. Conquistarlo primero establecerá un
   tono positivo y proactivo para el resto del día.

2. **Reflexión:** Lleve un diario de todos tus logros éxitos.
   Considera concretamente las tareas desafiantes que has
   completado.

3. **Mejora Progresiva:** Elija una tarea o capacidad que te resulte
   desafiante pero factible. Comprométete a mejorarlo hasta
   convertirlo en una fuerza.

4. **Busque Orientación:** Nunca dude en buscar suporte.
   Interactúe con mentores, use recursos online y colabore con
   pares para superar obstáculos.

5. **Celebre el Éxito:** Reconozca las victorias más pequeñas y
   realice un seguimiento de tu progreso. Recompénsate cuando te
   logre una mejora significativa.

6. **Enfrente los Desafíos, Cultive Tus Fuerzas:** Facilite el
   camino para la confianza.

Cerrando este capítulo, es transparente que el viaje hacia el profesionalismo de clase mundial en ventas no es un camino recto sino más bien una búsqueda incesante de superación personal, cultivo de sabiduría y adopción de disciplinas cotidianas sólidas. Al igual que los impecables servidores de *The Ivy*, debemos desarrollar una comprensión realmente profunda de nuestros productos o servicios y mantenernos a un estándar que trascienda el mero carisma. Reconociendo nuestras debilidades, enfrentarlas de frente y transformarlas en fuerzas, fortalecemos nuestra confianza en nosotros, mejoramos nuestra habilidad para resolver problemas y nos volvemos más capaces para manejar los desafíos. Este viaje es algo más que simplemente aumentar nuestras cifras de ventas. Se trata de crecimiento personal, auto empoderamiento y coraje para esforzarse por mejorar continuamente.

Puntos Clave:

1. **Apunte a un Profesionalismo de Clase Mundial:**
   Profesionalismo: Comprender minuciosamente tu producto o servicio y aspirar a un profesionalismo de clase mundial es esencial. Como lo ejemplifican los servidores de *The Ivy*, el conocimiento del producto y servicio que vende tiene que ser amplio y preciso. Esta profesionalidad va más allá del carisma y exige una mejora y un perfeccionamiento constantes.
   Reconocer y abordar las debilidades: Identificar las tareas que te resultan desafiantes y abordarlas de frente es vital para el crecimiento. Convertir estos puntos débiles en fortalezas genera confianza, aumenta la capacidad de resolución de problemas y le ayuda a afrontar los desafíos de forma más eficaz.

2. **Fomentar Hábitos de Ventas Positivos:** Cultivar ventas positivas a través de disciplinas diarias como el producto, competencia, autoevaluación, abordaje de desafíos, aprendizaje continuo y participación de mentores. Estos hábitos no sólo mejorarán su desempeño en ventas, sino que se extenderán a otras áreas de la vida, mejorando su productividad y efectividad generales.

CAPÍTULO SEIS

¿QUÉ SON LAS VENTAS? Y POR QUÉ NECESITAS DESARROLLAR HABILIDADES COMERCIALES

Quiero que recuerdes cuando estabas por debajo de la edad legal para beber 18 en el Reino Unido y 21 en Estados Unidos. Si fuiste al bar pidiendo una copa, probablemente estabas hecho un manojo de nervios. Es raro que lo único que hubiera sido más aterrador fuera realizar el carnet de conducir. Es divertido recordar lo asustado que estabas. No sólo tenía miedo de pedir una botella de cerveza y un Jack and Coke, sino también porque sabía que podrían interrogarlo.

Aquellos de ustedes que me han conocido en persona saben que mido 6 pies y 13 centímetros. Empecé a ir a pubs cuando tenía 15 años. Era un rito de iniciación en mi pueblo. ¿Quién de tus amigos podría recibir servicio?

Esta es probablemente una de mis primeras experiencias para comunicar en múltiples niveles.

Tomé el coraje para caminar hasta la barra, saqué el pecho y dije: "Pues, tío, ¿cómo estás? Un par de pintas de cerveza cuando tengas un minuto, mete un par en la pipa (esto significa comprar ahora y beber más tarde) y toma una para ti".

Ahora soy demasiado joven para beber en un pub, y mucho menos dejar caer alguna jerga de comerciante/viejo en el camino.

Sin embargo, ¡listo! Porque comencé con una pregunta sobre el bienestar del barman y luego procedí a pedir dos pintas. Seguido por otros dos en la tubería, después le dice al tipo que se consiga uno para él.

Esto era indicativo de alguien que (a) bebe en pubs y lo ha hecho durante algún tiempo y (b) probablemente trabaja en un pub si le invita a beber una bebida.

Ahora algunos de los niños del año anterior al mío fueron rechazados en el mismo pub la misma noche. ¿Por qué? No eran más pequeños que yo; ¡la verdad es que ya habían perdido antes de llegar al bar! Cero previsión o preparación; postura débil, cabeza gacha como si hubiera ocurrido algo terrible y falta de contacto visual. El tono era demasiado alto (nervioso), seguido por el ritmo equivocado (demasiado rápido) seguido de la pregunta equivocada "Eh, ¿puedo... yo... tomar una cerveza... por favor?"

La gente no habla así. Es anormalmente desmañado y simplemente extraño. Los adultos no piden así las pintas. Y ahora tenemos el interrogatorio del barman.

"¿Tienes documentos de identificación?"

"¿Cuál es tu fecha de nacimiento?"

"¿Qué edad tienes?"

"¿Tienes 18 años, tío?"

¿Recuerdas cuando hablamos antes sobre tener respuestas a la pregunta? Pues, mis amigos, ni siquiera se habían molestado en prepararse para eso. Aquí están las respuestas que mi amigo debería haber preparado.

"¿Tienes documentos de identificación?" No tío, dejé de llevarlo cuando cumplí 20 años.

"¿Cuál es tu fecha de nacimiento?" 4 de junio del 84, tío. (Necesitas conocer los números y la secuencia; no puedes leerlo como el Teniente Comandante Data [me encanta un poco de Star Trek]. 06/04/1984, debe tener fluidez.)

"¿Qué edad tienes?" 20!

"¿Tienes 18 años, tío?" No, amigo tengo 20 años. (¿Quién diría que tiene dos años más que la edad del sospechoso?)

Es para el entretenimiento del barman más que cualquier otra cosa.

Entonces, estando preparado y teniendo confianza, disfruté de más de dos años de emocionante comportamiento criminal, tuve conversaciones más significativas y me protegí de la fría lluvia invernal de Escocia. A nadie te gusta eso, ni siquiera a las personas que disfrutan de la exposición al agua fría.

No hay una manera fácil de decir esto; es posible que te sientas un poco raro haciendo algunas preguntas. Maldición, es posible que te sientas raro al pedir dinero. No estoy bromeando. Es extraño, ¿verdad? Sin embargo, tienes una llamada de ventas y te resulta difícil hablar de cobrar por tus servicios o tu tiempo. Entonces, si no eres tú, estás un poquito más avanzado que la mayoría de las personas, y si te resulta difícil, puede ser porque eres empático, razón por la cual te irá tan bien en ventas.

Las habilidades que empleé para promover mi agenda adolescente se debieron a mi capacidad para conectarme con los demás e involucrarme con ellos en un nivel diferente.

Quiero hablar sobre ser empático. No te preocupes, no es algo de ciencia ficción ni telepatía. Empecemos por lo básico, ¿qué es un empático? En términos más simples, un empático está planeado para ser sensible a las emociones y la energía de quienes lo rodean.

Son el tipo de personas que pueden entrar a una habitación y sentir las vibraciones, lo bueno, lo malo y lo feo.

La empatía es la capacidad de entender y compartir los sentimientos de los demás. Es como ponerse en el lugar de otra persona, ver a través de sus ojos y sentir con el corazón.

No estamos hablando de leer la mente sino de entender las sensaciones. Se trata de captar señales sutiles que expresen lo que la otra persona siente y experimenta. Hablando del acto de escuchar, y me refiero a escuchar realmente, no sólo lo que dicen sino también lo que no dicen.

Ahora bien, ¿por qué importa la empatía, especialmente en el mundo de las ventas? La empatía le ayuda a conectarse con sus clientes a un nivel más profundo. Este tipo de conexión va más allá de simplemente realizar ventas. Se trata de generar confianza y lealtad.

Genuinas relaciones que sobreviven a la naturaleza transitoria de las transacciones comerciales. Lo sé, pero se trata de algo más que ventas. Es así, es la comunicación.

La empatía te ofrece una idea de lo que tus clientes realmente necesitan, incluso si todavía lo están determinando ellos mismos. Te ayuda a adaptar tu producto o servicio para satisfacer esas necesidades, lo que hace que sea una obviedad para tus clientes invertir.

Además la empatía ayuda a disipar situaciones complicadas, como cuando un cliente no está del todo satisfecho con su servicio o producto. Comprendiendo su punto de vista, puede abordar sus inquietudes de una manera que los tranquilice y rectifique el problema.

Además, ser empático en las ventas te ayuda a navegar por las traicioneras aguas del rechazo. Aprenderás a no tomar un "no" como algo personal, sino a entenderlo debido a una infinidad de factores. Te ayuda a tratar a cada cliente como un individuo único con necesidades e inquietudes distintas, en lugar de verlos a todos como un grupo homogéneo de ingresos potenciales.

Sin embargo, no quiero pintar aquí un panorama irrealmente optimista. Ser empático en el mundo de las ventas puede ser un desafío. Sentirás las frustraciones, las decepciones y, a veces, la ira de tus clientes. Habrá ocasiones en las que necesitarás poner un escudo para proteger tu salud mental. Es esencial equilibrar la empatía con una dosis saludable de cuidado personal.

Ser empático no es una debilidad. Es una fuerza. Es el arma secreta que puede ayudarte a revolucionar el mundo de las ventas. Entonces, si eres empático, abrázalo. Utilízalo. Es tu pasaporte al éxito.

Tener más autoestima

Cuando es el momento de pedir el orden, indica el precio a tu cliente. La gente se pone nerviosa; es completamente normal y comprensible. ¿Por qué? Las ramificaciones de un sí y un no son muy diferentes.

Puede impactar:

- La cantidad de dinero que ganan;
- Cómo los ven sus colegas, tanto superiores como subordinados;
- Estabilidad laboral y perspectivas de ascenso;
- Cómo se sienten acerca de sí mismos.

No es de extrañar que la gente se ponga nerviosa, así que aquí hay dos formas en las que puedes analizar o replantear el proceso.

1. Imagina que el cliente ya ha dicho que sí y quiere que lo repitas en sus notas. Ya han dicho que sí; quieren que la venta continúe. Están encantados con el resultado de la conversación. Ahora simplemente te piden que repitas el número para poder ingresarlo en las cuentas. Se siente muy diferente, ahora tienes un cambio de presión. Entonces, cuando des el precio, ten en cuenta que ya han dicho que sí.

2. La segunda es: imagina que tu amigo te pregunta cuánto cuesta una comida Big Mac de McDonald's. "£ 9." Esa cifra no tiene ninguna consecuencia ya que son sólo £ 9. Entonces, piensa en

esa emoción, realmente no se registra. Ahora intente decir £ 9000 pero con la misma emoción que pondría al decir £ 9. Pruébalo unas cuantas veces, cuanto más lo digas más cómodo te sentirás. Se sentirá más accesible porque no le estás dando todo este significado. Ahora es una transacción intrascendente. No asuma que el cliente no puede permitírselo o se sentirá incómodo, es solo una transacción, así que no se preocupe.

Si pruebas ambas técnicas, te sentirás más cómodo con el proceso. Parecerás todo natural; la gente puede ponerse nerviosa cuando le pide a un cliente 12.000 euro, que es el mayor obstáculo. En esta fase, no les preocupa un no; les preocupa más informarles cuánto cuesta el producto.

Puedes hacer este ejercicio para todas las preguntas que te resulten incómodas o incómodas. Cubriremos más sobre la preparación para una llamada en el capítulo nueve.

Sin embargo, a continuación quiero hablar de salud mental. Ahora no sé de qué manera estás programado ni qué experiencias han moldeado tu carácter. Te afectará el nacimiento, la muerte, el rechazo, la aceptación. Tendrás tus días de sol y sombra.

Habrá momentos y períodos en los que los negocios van bien y la gente lo felicitará. Habrá momentos en los que no aumentará de manera constante. Incluso podría tener un período en el que su rendimiento sea bajo. Es posible que las mismas personas no se agolpen a tu alrededor y se unan a tu causa, así que trata tanto el fracaso como el éxito con un marco específico de indiferencia. Tener más ventas no te hace mejor persona y tener menos no te hace peor.

Recuerda todos los pasos de tu proceso; asegúrese de ser disciplinado, ser claro sobre su producto/oferta y todo lo que está bajo su control. No dejes que la duda te invada; lo único que hace la duda es impedir tu progreso. Continúe con el proceso y asegúrate de mejorar constantemente.

No doblegue la verdad ni embellezca parte de su guion para atraer a un potencial cliente a una venta simplemente porque su ego no puede aceptar otro "no". Tendrás más respeto por ti mismo.

Cuando trate con clientes que lo engañan o le mienten, no lo tome como algo personal. Pregúntate si quieres hacer negocios con esa persona. Probablemente no. Otra parte de esto es no tomar el rechazo como algo personal, puede doler cuando alguien dice que no, pero si no está bien, no está bien.

Cada nuevo día trae un nuevo cliente y una nueva relación, así que recuerda eliminar todas las emociones negativas anteriores. Es fácil cansarse o acumular problemas, sin embargo puede resultar inútil. Por eso, aborda cada relación con el espíritu de ayudar a las personas y darles lo que necesitan. Si puede hacerlo de manera efectiva, encontrará que el proceso es amigable y propicio para repetir el negocio.

Por lo tanto, tenga en cuenta las siguientes razones la próxima vez que obtenga un resultado positivo o negativo de sus llamadas.

Razones por las que los clientes no pueden unirse o no comprar

1. No tienen el dinero.
2. No se les permitirá gastar el dinero que tengan de un socio comercial o cónyuge.

3. No pueden utilizar su producto.

4. No es una buena opción.

5. Son incapaces de tomar decisiones.

6. Querían algo de formación gratuita.

7. Eran un competidor que buscaba información.

8. No tienen fe en sí mismos ni en su ofrenda.

¿Cuántos más puedes enumerar?

Recuerdo en un importante programa de televisión británico; el primer día de rodaje estaba muy nervioso. La escena era bastante sencilla, sin demasiadas tomas ni montajes y era la primera escena del día. ¿Cuántas tomas para filmar mi escena? Adivina. Diecisiete

Inmediatamente pensé que era yo. Pensé que la razón por la que tuvimos que rodar tantas tomas fue porque estaba haciendo algo mal. ¿Por qué? Creo que es simplemente natural, a menos que hayas experimentado la presión de un set de filmación. Participaron otros tres actores y una gran cantidad de personal, en total entre 30 y 40 personas en el set. Seguí pensando que era yo, no fue hasta que terminamos la escena que el director se acercó a agradecerme por mi actuación. Pensé que vendría a sacarme del set. En cambio, se disculpó por el error del equipo y explicó que estaba feliz y quería felicitarme por mi actuación. Si ella no hubiera tenido esa conversación, habría estado pensando en eso durante todo el rodaje.

No estamos hablando de liberarte del anzuelo; esto te permite saber que algunas personas no serán adecuadas para ti. Dejemos que eso se asimile; no todas las personas con las que hablas son adecuadas para ti.

En la película Blade, hay una escena memorable que personifica perfectamente la idea de que las personas eligen intencionalmente un camino difícil en la vida. La frase "Algunos hijos de puta siempre están tratando de patinar sobre hielo cuesta arriba" captura este concepto de una manera nada menos que poética.

Estas personas conocen su empresa, les gusta el producto y usted les agrada. Entienden cómo la oferta resuelve sus problemas, vale la pena la inversión y tienen el dinero para invertir. Sin embargo, todavía dicen que no. ¿Realmente quieres entrenar a ese cliente y trabajar con él? Usted 100% no los quiere como cliente. No es necesario convertir a todos. Así que abróchate el cinturón y prepárate para los fantasmas y las ausencias. Simplemente no dejes que esto afecte o influya en tu próxima llamada.

El capítulo seis llama nuestra atención sobre la naturaleza imperativa de las habilidades de ventas, independientemente de la profesión. Desarrollar estas capacidades nos permite convertirnos en comunicadores, negociadores e influyentes más eficaces. A medida que recorremos nuestras experiencias únicas, debemos darnos cuenta de que ser empático no es un defecto, sino un superpoder que facilita una conexión más profunda con las personas, lo que conduce a un mayor éxito en las ventas. Manténgase resiliente y sin cambios a través de los altibajos de las ventas, busque continuamente la superación personal y sea honesto en su enfoque de ventas. Incluso ante el rechazo, su atención siempre debe centrarse en ayudar al cliente a tomar la decisión correcta.

Punto Clave:

1. **La empatía es un Superpoder de Ventas:** Podemos entender mejor las necesidades y deseos de nuestros clientes desarrollando la empatía. Esto nos ayuda a adaptar nuestras ofertas a los requisitos y abordar eficazmente cualquier inquietud. Si bien los desafíos de ser empático a veces pueden ser exigentes, las recompensas, como generar confianza y lealtad con nuestros clientes, las superan con creces.

2. **La Confianza es Crucial:** Ya sea cotizando un precio o solicitando un pedido, tenemos que irradiar confianza. Este capítulo proporciona técnicas reveladoras para superar nuestra aprensión sobre pasos tan cruciales en el proceso de ventas. Tratarlas como interacciones cotidianas sin darles un significado excesivo nos permite manejarlas de forma más cómoda y natural.

3. Manejar el Rechazo y el Éxito: Tienes que subrayar tratar tanto el rechazo como el éxito con cierto grado de indiferencia. No debemos permitir que el rechazo apague nuestro espíritu ni que el éxito infle nuestro ego. En su lugar, deberíamos aprender de cada experiencia y esforzarnos por lograr una superación personal continua. Cada nueva interacción con el cliente presenta una nueva oportunidad para marcar la diferencia, y debemos abordarla para ofrecer valor que no se vea afectado por experiencias pasadas.

CAPÍTULO SIETE

¿DÓNDE Y POR QUÉ FALLAN LOS CONSULTORES Y ENTRENADORES?

A veces, los consultores y entrenadores pueden tener dificultades para vender sus propios productos y servicios debido a diversas razones.

Podría enumerar 50 factores diferentes que explican por qué puedes tener dificultades.

Lo bueno es que una vez que identificas cuál es el problema, es fácil de solucionar.

Lo bueno lo malo y lo feo

Las ventas están llenas de magníficos altibajos y desafiantes mínimos. Veamos algunos de los muchos problemas comunes y cómo podemos superar estos desafíos.

Comprender las soluciones que tienes para ofrecer y comunicarlas a tu audiencia de manera efectiva.

Los entrenadores y consultores a menudo no logran articular una propuesta de valor clara y convincente. Este es el valor único que ofrecen y que los diferencia de otros proveedores de servicios. Si los clientes potenciales no entienden por qué deberían elegir sus servicios en lugar de otros, es poco probable que realicen una compra.

Necesitas mirar tu producto o servicio con nuevos ojos, es posible que puedas dar vueltas a tus compañeros cuando estás comunicando lo que haces (o tal vez no puedas), sin embargo debes poder interactuar con tus base de clientes/mercado objetivo y dígales exactamente lo que ofrece. En un universo ideal, hordas de personas estarían golpeando tu puerta para trabajar contigo; sin embargo, eso rara vez ocurre, así que quiero que mires tu oferta con dos pares de ojos, diablos, tal vez incluso cuatro si estás hablando con colegas. Pruebe y vea su producto por primera vez, como lo vería tu cliente.

Mantenga el idioma accesible y fácil de entender, elimine cualquier lenguaje corporativo que pueda tener y cualquier acrónimo de la industria. ROI, CTR, CBT y otros discursos corporativos me dan ganas de vomitar. Solía trabajar para una empresa de primera línea.

No te ayuda si tu cliente no se da cuenta de lo inteligente que eres. Su cliente debe confiar en usted y tener una buena relación con usted lo antes posible. Si intenta darle vueltas verbalmente, todo lo que habrá hecho en esta fase es enturbiar las aguas y confundir a su cliente. Pregúntate: "¿Quiero comprarle a alguien si no entiendo lo que dice?" Yo tampoco.

Entiendo que está orgulloso de tus habilidades, calificaciones y experiencia. Sin embargo, estos no son sus principales puntos de venta. Sin duda, estos son importantes, sin embargo hay otros elementos críticos en los que debe concentrarse, como su mercado objetivo, establecer relaciones y comercializar tus servicios de manera efectiva.

Muchos entrenadores nuevos se concentran tanto en sus habilidades y experiencia que pasan por alto el panorama más amplio de su estrategia comercial general.

Recuerde, entender su producto y poder verbalizarlo ante sus compañeros es bueno. Sin embargo, no te están comprando nada. Por lo tanto, asegúrese de poder explicar de forma clara y sucinta cada aspecto de lo que hace, cómo funciona, las fases, los beneficios y los resultados. Si no puedes explicárselo a un niño de 10 años, probablemente no sepas a qué te dedicas.

Solía participar en deportes de combate. Es muy divertido, pero conlleva alguna que otra lesión. Después de una extenuante sesión de entrenamiento, sufrí una de esas lesiones.

La experiencia me había enseñado que el siguiente paso era concertar una cita con el fisioterapeuta. Cojeé dolorosamente hasta la sala de tratamiento y me tumbé en la mesa de tratamiento. El terapeuta empezó a hablar de letras y números y luego empezó a soltar algo de latín. Me miró y pensó: "Sí, este tipo habla latín". ¡Parezco un poquito griego! Sin embargo, no sabía lo que estaba diciendo. Él no sabía que yo no sabía lo que estaba diciendo.

La conversación empezó unilateralmente; estaba hablando y de repente preguntó: "¿Suena bien?". Aunque no dije nada, en retrospectiva, desearía haberlo hecho. Sin previo aviso, insertó dos agujas de acupuntura en el músculo de mi pantorrilla. Sorprendido, pensé: "Está bien, esto es lo que es la acupuntura". Justo cuando pensé que ese era el alcance del procedimiento, me dio algo para sostener: un trozo de metal que parecía una bala de bronce.

Para los que conocen la acupuntura, probablemente vean hacia dónde se dirige. Luego envió una corriente eléctrica a través de las agujas de mi pantorrilla. Para completar el circuito, tuve que sujetarme a la pieza de latón. La sensación resultante fue un dolor intenso, casi cómico. Apreté el puño alrededor de la pieza de latón y, sorprendentemente, eso no detuvo la corriente eléctrica. Fue una experiencia reveladora, por decir lo menos, y no fue lo que esperaba.

Funcionó y la próxima vez que visite Los Ángeles volveré a verlo, pero desearía que me hubiera dicho lo que iba a hacer.

Pensó que era la mejor idea, sin embargo si simplemente hubiera hecho preguntas y luego hubiera hablado sobre el tratamiento, habría sido una experiencia diferente. ¿Entiendes por qué es esencial comprender las soluciones? Tienes que comunicar esa información al usuario final.

Encontrar la resistencia

La resistencia en las últimas partes de una conversación de ventas generalmente se debe a una mala comunicación al principio. Si encuentras resistencia hacia el final de la llamada, es posible que tengas que retroceder en la conversación y hablar sobre los problemas y las soluciones. Podría deberse a que no has explorado un tema en particular o a que te han ocultado algo.

Es posible que en realidad no se estén resistiendo a ti. Es más probable que te rechacen porque les has explicado una solución a un problema que creen que no comprendes completamente. Es por eso que tienes que asegurarte de entender completamente los problemas y luego repetírselos.

Cuando tu cliente te diga que está teniendo problemas para conseguir clientes, ganar más dinero, tener más control de su vida y de sí mismos, si no lo entiendes, pídele que repita y amplíe.

A la gente le encanta hablar sobre tus desafíos en los negocios.

"¿Cuéntame más sobre tus problemas?"

"¿Qué otros problemas?"

"¿Algún otro problema?"

"¿Prevé alguna otra dificultad en los próximos 12 meses?"

Una vez que hayas digerido esta información: "Si entiendo esto correctamente, tus desafíos están relacionados con conseguir clientes, aumentar los ingresos, tener más control de su vida son A, B y C y en el mediano a largo plazo también cree que estos temas D, E y F también serán un factor contribuyente. ¿Es correcto?"

"¿Se te ocurre alguna otra preocupación que debamos discutir?"

Ahora has expuesto todo lo que pensaba que estaba mal y es posible que también haya descubierto algunas preocupaciones adicionales que usted o su producto pueden aliviar. Recuerde, estás en el negocio de ayudar.

Se sentirán escuchados y comprendidos. Eso es importante en cualquier relación. También es una excelente manera de aumentar la confianza. Con este paso has aumentado el valor de tu servicio.

- Se han acercado

- Nos han dicho el problema

- Han ampliado o compartido más que la respuesta inicial.

- Tienen más confianza en nosotros

- Nos respetan más

Cuando hables, estarán listos y dispuestos a escuchar. ¿Por qué? Porque les has dado la oportunidad de expresarse. Es complicado escuchar a alguien si sientes que no te está escuchando o tratando de recordar qué más no le has dicho.

Así es como se enfrenta la resistencia a la hora de hacer preguntas. Si no utilizas esto actualmente, pruébalo. No tienes por qué ser sólo con trabajo. Úsalo en la vida cotidiana. La próxima vez que vayas a una fiesta, practica tus habilidades para preguntar y escuchar. La gente te amará más de lo que ya lo hace.

Hemos aprendido varias verdades fundamentales sobre la consultoría y el coaching de ventas. En primer lugar, articular claramente nuestra propuesta de valor no sólo es beneficioso; es crucial. Es nuestro punto de venta único lo que nos diferencia de los demás.

En segundo lugar, la comunicación eficaz es la base del éxito de las ventas. Nuestro objetivo no es abrumarnos con jerga y tecnicismos, sino hacer que nuestras ofertas sean lo más claras y accesibles posible. Se trata de generar confianza y simpatía.

Finalmente, hemos aprendido a navegar y manejar la resistencia, uno de los obstáculos comunes en las ventas. Recuerda, no se trata de superar la resistencia con la fuerza sino con comprensión y un diálogo bien estructurado que revele los problemas y te permita demostrar cómo puedes resolverlos.

Nos enfrentaremos a diversos desafíos a lo largo del camino, pero identificando estos obstáculos y saber cómo abordarlos, los convertimos en peldaños en lugar de obstáculos.

Sin embargo, nuestro viaje hacia las complejidades de las ventas en la industria del coaching y la consultoría apenas comienza. En los siguientes capítulos, profundizaremos y descubriremos más estrategias y conocimientos para equiparlo en su viaje. Exploraremos la importancia de comprender su mercado objetivo, el poder de las estrategias de marketing efectivas y cómo construir y mantener relaciones que conduzcan a un negocio exitoso de coaching o consultoría. Entonces, pasemos página y continuemos juntos este emocionante viaje.

Entonces, en esta fase, has aprendido cómo:

- Mirar los problemas
- Comprenda sus soluciones
- Entender la resistencia

Hemos atravesado un terreno fascinante en este capítulo. Nos hemos puesto el papel de detective para entender por qué algunos consultores y entrenadores se encuentran enredados en las zarzas de la venta de sus productos y servicios.

Nos hemos subido a la montaña rusa de ventas, listos para abrazar sus emocionantes alzas y lidiar con sus formidables bajas. Hemos destacado algunos desafíos comunes y formas de solucionarlos.

En nuestra búsqueda de la excelencia, nos hemos topado con una revelación: entender y comunicar eficazmente las soluciones que ofrecemos puede hacer o deshacer nuestro éxito. Hay un tipo peculiar de magia en hablar sobre lo que haces de una manera tan clara como el cristal y estimulante como un soplo de aire fresco. Es empoderamiento.

También nos enfrentamos a esa molesta criatura conocida como resistencia. ¿Sin embargo adivina qué? Descubrimos que la resistencia no es un monstruo debajo de nuestras camas. A menudo, es una señal de que nuestra comunicación en las primeras fases de la conversación podría haber tenido uno o dos problemas.

La buena noticia es que tenemos las herramientas en nuestro kit para solucionar estos problemas. Por lo tanto, es hora de hacer un balance de lo que hemos aprendido y de cómo podemos utilizar estos conocimientos para mejorar nuestro recorrido de ventas.

🔑 Puntos Clave:

1. **Claridad de la Propuesta de Valor:** Lo primero que hemos aprendido es la importancia de una propuesta de valor clara y convincente. Recuerde, no se trata de terminología sofisticada o jerga de la industria que entusiasmaría a un estudioso del latín. Se trata de poner lo que haces en un lenguaje que tus clientes puedan entender. Y no sólo comprenderlo, sino sentirse obligado a ser parte de ello.

2. **Comunicación Efectiva:** No subestimes el poder de la comunicación efectiva. No basta con entender sus soluciones; debe articularlos de una manera que sus clientes puedan

comprender. ¿Recuerdas la lección de latín y balas de bronce de mi fisioterapeuta? No caigamos en esa trampa. Manténgalo simple, claro y asegúrese de que su cliente sepa exactamente lo que le espera.

3. **Manejo de la Resistencia:** Por último, miramos la resistencia a los ojos y descubrimos que no da tanto miedo. De hecho, puede ser una guía útil que señala dónde debemos afinar nuestra comunicación. Así que no tires la toalla la próxima vez que encuentres resistencia. En lugar de eso, sigue tus pasos hacia atrás y revisa la conversación. Probablemente encontrará la clave para desbloquear su comprensión y, en última instancia, su confianza.

Así que ahí lo tenemos. Puede que este capítulo esté llegando a su fin, sin embargo nuestra exploración del salvaje y maravilloso mundo de las ventas en el coaching y la consultoría está lejos de terminar. Abróchate el cinturón, amigo mío, nuestra aventura apenas comienza. Próxima parada: entender su mercado objetivo, los entresijos de las estrategias de marketing efectivas y construir y mantener relaciones. Créame, será un gran viaje.

CAPÍTULO OCHO

¿QUÉ HAY DETRÁS DE LAS OBJECIONES?

En el primero capítulo hablé sobre cómo empezar mi sueño en la peluquería. Fue una posición increíblemente competitiva.

Sabía muy bien que, llegando a esa entrevista final, ya me enfrentaba a una batalla para ganar uno de los 6 lugares.

Ya me habían entrevistado otros tres salones, así que sabía exactamente cuáles iban a ser las objeciones: viajes, compromiso y dinero.

Es mucho más simple lidiar con las objeciones cuando sabes cuáles van a ser.

Hablando del viaje, estaba listo para contrarrestar el hecho de que me estaba acercando al salón y que ya había visto algunos pisos en la zona.

Compromiso – les hablé de mis calificaciones académicas y supieron que mantendría el rumbo porque ya había demostrado mi compromiso con el aprendizaje.

Dinero – sin embargo, el factor decisivo y muy importante en este caso, para conseguir el trabajo, fue ofrecer función durante un período de prueba gratuito de 3 meses. Había investigado al director que me contrataría y sabía que el dinero era un gran motivador para él.

Me enorgullece decir que obtuve el título de Estilista de Toni & Guy y recibí varios premios durante mi estancia en la empresa. El director me pagó un salario completo desde el primer día.

Siempre investigue y asegúrate de saber cuáles son las objeciones.

Las objeciones son tu aliada y tu arma. Cuando se trata de abordar las objeciones, hay un par de maneras de pensarlo. O es lo mejor o lo peor. Me encanta una objeción. Es la forma que tiene el cliente de decirnos que necesita más información y nos da la oportunidad de profundizar más en los problemas que está experimentando. Vamos a ver tres cosas:

1. Lo mejor de las objeciones
2. Cómo manejar las objeciones
3. Por qué no deberías intentar superar una objeción

Lo mejor de las objeciones

Recibirás las mismas objeciones una y otra vez, por lo que debes tener preparada una respuesta honesta, bien redactada y auténtica. No es una respuesta, no es un debate y no estás tratando de ganar una discusión.

Asegúrate de eliminar el "uhm, ah y eh" en respuesta. Tan pronto como el cliente escuche esto, se preguntará: "¿Esta persona sabe algo?"

¡El ego no es tu amigo! ¡Una objeción no es un no! Un no es un NO. Si un cliente te dice que algo es demasiado caro, genial, pueden discutir el precio y el valor. No te han cerrado. No han dicho NO.

Mi primer pensamiento es: ¿he explicado todo? ¿Entienden lo que están comprando? Es posible que se hayan distraído cuando estaba revisando la oferta, ¿se trata de sus competidores, el precio del comprador o el margen? Podemos trabajar con todo esto. Ahora puedes entender que es hora de discutir algo más.

Si te compromete a realizar una pequeña cantidad de trabajo con objeciones, obtendrás los frutos durante muchos años más.

Cómo manejar las objeciones

No lo tomes como algo personal, no te enfades. Imagine que son solo dos personas conversando y es un comentario. 'Es demasiado precioso' sólo tiene el significado que tú le das, así que mantente tranquilo, relajado y pídeles que te amplíen. He visto a personas sentirse heridas cuando los clientes dicen que es demasiado precioso, que están apegados emocionalmente a tu producto y apasionados. Escuchan que no eres lo suficientemente bueno o que no vales eso.

Este es uno de los puntos claves y lleva un tiempo sentirse realmente cómodo con el rechazo temporal. Puede resultar bueno decirle a la persona que se lleve sus asuntos a otra parte; sin embargo, no creo que eso resulte en una venta. Tenga en cuenta los comentarios de un potencial cliente y ajuste tu próxima presentación o discurso.

Lo siguiente es preguntar por qué es demasiado caro. Recuerde, si te pide la opinión a alguien, tienes que escuchar, y lo repito, escuchar. "Por favor, dime qué quieres decir con demasiado caro". NO INTERRUMPAS.

Una vez que hayan terminado, agradézcales y pregúnteles si hay algo más de lo que no estén seguros. De nuevo, déjelos hablar porque si tienen otra objeción, sería genial para ellos expresar esa preocupación mientras están en la corriente.

No tiene la misma cantidad de poder o impulso una vez que está fuera de su cabeza; una vez que han verbalizado el problema, éste pierde cierta pasión. Bien hecho. Este es el primer paso.

Una vez que hayan terminado, querrás decir: "Gracias por hacérmelo saber".

Asegúrate de entender perfectamente la objeción

Una vez que se lo repites, ya no está en tu cabeza, no tienen que lidiar con eso. Lo haces tú. Tienen que hablar; es posible que haya estado hablando por un tiempo. Reafirme su preocupación, utilizando sus palabras si es posible y luego pregúnteles: "¿Es así? ¿Alguna otra preocupación?"

Pues, ¡genial! Tal vez te vayan a decir algo más. Si puedes, hagas que compartan tanto como sea posible; a la gente le gusta hablar y les encanta que los escuchen.

Lo interesante es afirmar que el producto cuesta £ 12 mil. Cuando dicen que es demasiado caro, puede ser porque suponen que hay que pagarlo por teléfono ahora mismo. BOOM £ 12K, puede que ese no sea el caso. Puede decir fácilmente: "Puedes pagarlo todo en un solo pago si lo deseas, o pagar £3.000 ahora y no comenzaremos los pagos mensuales hasta el cuarto mes, o £1.000 al mes durante 12 meses y todo sin prima".

Ahora tienen una comprensión diferente del compromiso financiero. Eso fue sólo un malentendido; tal vez fue culpa suya por no explorar los precios o es posible que hayan asumido una estructura de precios sin darte la oportunidad de explicar. Ahora puedes incorporar eso a tu discurso.

Una vez que haya resuelto las objeciones, pregúnteles: "¿Tiene eso sentido? ¿Estás contento con eso?" Aunque te digan que no, no te asustes. Si todavía tienen una objeción, asegúrate de escuchar nuevamente y seguir el proceso. Es posible que tengas que ampliar algunos puntos, revisar la objeción, mantener la energía, no emocionarte ni exasperarte.

Recuerde, se trata solo de dos personas conversando. No se trata de negociar la rendición de un país extranjero, desactivar una bomba o dirigirse a las Naciones Unidas.

Por qué no deberías intentar superar una objeción

No puedes superar las objeciones. Es un poco como barrer la basura debajo de la alfombra. Ellos siempre estarán ahí. No se puede hacer una tontería mediante una objeción.

Las objeciones te hacen mejor; agudizan el tono, entregas y tasa de cierre.

Tomate el tiempo justo para escribir todas las objeciones que probablemente encuentre; será menos de lo que crees. Estas objeciones son tus amigas, dales la bienvenida y date cuenta de que llegaron para quedarse. Recuerda cuando hablamos de la carne picada y las patatas en el capítulo cinco. Así es como debes considerar las objeciones.

En este capítulo hemos analizado la importancia significativa de las objeciones dentro de nuestros viajes profesionales y su papel crucial en nuestro crecimiento. Las objeciones no son obstáculos; son oportunidades. No son bloqueadores; son facilitadores. La clave no es pasar por alto las objeciones, sino reconocerlas, comprenderlas y abordarlas. Un cambio de perspectiva (tratar las objeciones como retroalimentación en lugar de rechazo) puedes abrir oportunidades para perfeccionar tus ofertas, mejorar tus habilidades de comunicación y construir relaciones más concretas y transparentes con tus clientes.

Punto Clave:

1. **El Poder de la Investigación:** Hacer la previa tarea sobre posibles objeciones puede proporcionarle las respuestas correctas y demostrar su compromiso y comprensión. Te prepara para superar cualquier objeción con confianza y autoestima, influyendo así positivamente en la decisión de tu cliente.

2. **Manejo de Objeciones:** No se deben aceptar objeciones personalmente o causar angustia emocional. En cambio, ofrecen información preciosa y valiosa para entender mejor las necesidades y perspectivas de tus clientes. Escuchar activamente, responder con calma y agradecer a tus clientes por las objeciones ayudará a crear un espacio seguro y respetuoso para el diálogo abierto.

3. **Aceptación de las Objeciones:** Las objeciones tienen que abordarse. Son herramientas de retroalimentación esenciales que ayudan a perfeccionar la propuesta, el producto o el servicio, haciéndolos más valiosos y atractivos. Tratar las objeciones como aliados en lugar de enemigos impulsará tu crecimiento profesional y mejorará tu tasa de cierre. Este punto de vista será fundamental para tu desarrollo continuo en el campo.

Recuerde, las objeciones no son un 'no'; son un 'dime más'. Así que dales la bienvenida, entiéndelos y utilízalos como escalones hacia el éxito.

CAPÍTULO NUEVE

CERRAMOS LA VENTA

No sería un libro de ventas sin un capítulo sobre el cierre de la venta.

En el capítulo tres, analicé diferentes técnicas para cerrar una venta, proporcionando algunos ejemplos adaptados a diferentes escenarios para que pueda encontrar la que funcione mejor para ti. Sin embargo, entender cómo cerrar una venta es sólo una fracción de dominar el proceso de venta.

Todo el recorrido, desde el contacto inicial hasta el seguimiento, es igualmente crucial para el éxito a largo plazo.

En los próximos capítulos, profundizaremos en cómo construir relaciones significativas con sus clientes, realizar un seguimiento eficaz y garantizar la satisfacción del cliente para futuros negocios y referencias.

Dominar estos elementos facilitará el proceso de cierre y construirás relaciones significativas con los clientes.

Recuerde que lo único que hacemos aquí es tener una conversación honesta entre dos partes que quieren algo el uno del otro. Eso es todo esto. Dos personas conversando.

Sin solicitar la venta, probablemente no la obtendrás. La gente ha escuchado los mismos cierres durante tanto tiempo que los detectarán a una milla de distancia, pero si desea finalizar la conversación con un resultado propicio, aquí tienes algunas técnicas para aplicar.

Los diferentes tipos de cierres

Supuesto – me encanta esta técnica porque es lo que se siente más natural. En un mundo lleno de negatividad, es reconfortante saber que existen algunas técnicas que tienen sus raíces en la progresión y conclusión natural de solo un par de personas conversando. Durante esta conversación, asegúrate de tomar la temperatura de vez en cuando: "¿Estás satisfecho con lo que hemos discutido hasta ahora?" "¿Esto facilita tu trabajo?" "¿Esto resuelve los problemas que ha estado enfrentando?" Observe que estoy utilizando el presente. Esto crea el marco en el que están invertidos y que ya le han comprado. Esto es más poderoso que "lo haría, debería o podría", y es más probable que se responda con un "tal vez".

Utilizando este lenguaje y tono amigable, es más probable que el cliente diga que sí. Garantizándote de haber abordado todas las inquietudes y problemas.

Carencia – esto puede verse como un poco incómodo, sin embargo como muchas técnicas, puede ser solo la pregunta o la oferta que el cliente necesita para realizar la venta. Aquí hay unos ejemplos.

- Si lo compras hoy, te regalamos un mes extra.

- Si compra hoy, estoy dispuesto a pasarle del paquete bronce al paquete plata.

- Tendrías que comprarlo hoy ya que sólo nos queda una plaza en el curso.

- Estamos teniendo un aumento de precios al final de este trimestre. (Solo comparta esta información si es cierta).

Esta técnica consigue una acción positiva para varias personalidades:

Incluso el potencial cliente más reacio o reticente tendrá miedo de perderse algo.

Los que estén impacientes por comienzan, los que quieran ahorrar dinero y los que quieran sentirse importantes también verán esto como una victoria.

Estamos lidiando con emociones poderosas.

Cierre de Preguntas – una de tus responsabilidades fundamentales es hacer preguntas importantes. Quiere la mejor información posible, no para atrapar o seducir a un cliente potencial, sino para asegurarse de tener la información necesaria. Quiere encontrar obstáculos y demostrar cómo puede resolverlos. La forma más sencilla de hacerlo es preguntar: "¿Tienes alguna pregunta?"

Favorecer el Cierre – esto es como el cierre supuesto. Los potenciales clientes intentarán obtener algo adicional en el trato, podrían solicitar un descuento, un valor agregado, una estructura de pago financiera favorable. Lo más sencillo es decir que sí. Sí, si firman hoy. Acabas de concederles un favor; sin embargo, la condición es que la venta concluya ahora mismo en la llamada o en la reunión.

Cierre Suave – muestre o demuestre los beneficios de usar su producto y pregúnteles si hay algo más que pueda interesarles. Esta técnica de bajo impacto funciona bien para aprender más sobre los potenciales clientes sin abrumarlos con demasiada información a la vez.

Cierre Resumido – esto funciona mejor con personas que realmente han identificado lo que necesitan. Probablemente habrán empezado con una agenda, preguntas que querían hacer y estarán interesados en identificar los resultados que obtendrán de ti. Para este cierre, enumeraría exactamente qué es lo que necesitan. Indíquelo en orden de importancia, en el orden en que se lo entregaron o en el orden en que el proveedor de servicios se lo entregará.

Aquí hay un elemento clave para recordar en un resumen, si solo buscan dos cosas; sin embargo, el paquete incluye diez, tendrán resistencia en dos frentes. Uno, pensarán que les están cobrando de más por algo que no necesitan, y dos, los confundirán ofreciéndoles demasiado. Recuerde, le hará la vida más fácil y no más complicada, así que cuando se trate de un cierre resumido, elija la información con cura y atención. Ahora puedes finalizarlo, preguntándoles qué necesitan de ti.

Cierre de Pesadilla Futuro – ¿dónde estarás si no compras este producto? En el capítulo tres hablamos de venderle a la gente la pesadilla y esto va un poquito más allá. Pregúntale al potencial cliente dónde estará dentro de tres meses si no compra tu producto, toma toda la información negativa que te ha ofreciendo y verbaliza lo que ha estado pensando. No estás haciendo realidad este escenario; sin embargo, estás informando y haciendo que se den cuenta de lo que les sucederá si no actúan. Simplemente demuestre que puede entender lo que le depara el futuro, esto puede parecer incómodo, sin embargo recuerde que los está ayudando.

Cierre de Pesadilla Futuro – imagine dónde estarás dentro de tres meses si empiezas a usar nuestro producto o servicio, no solo habrás resuelto todos los problemas que enfrenta en la actualidad, sino que también podremos ayudarlo a lograr el objetivo a mediano y largo plazo.

Cierre Inverso Instantáneo – este es uno de los cierres más fuertes que conozco y tienes que tener confianza en el procedimiento. Esto suele aplicarse tras las dos objeciones más habituales:

No puedo permitírmelo

   No tengo tiempo

Esté de acuerdo con lo que hayan dicho y, después, dígales que es exactamente por eso que deberían comprarlo.

   No puedo permitírmelo, es exactamente por eso que lo necesita porque no está ganando suficiente dinero en este momento.

Tag y Eliminación – a la mayoría de las personas les gustaría pagar menos de lo que les gustaría recibir y también preferirían tener más servicios de los que les gustaría pagar. En ese momento, dígales que puede igualar el precio que les gustaría pagar, pero dígales que tendrá que eliminar algunos de los servicios o una reducción en el acceso al servicio. *

* Si deseas crear tu propio marco para esto, eche un vistazo a la construcción de un modelo de ascensión.

El Modelo de Ascensión es un enfoque estratégico de ventas y marketing que se centra en "ascender" gradualmente a los clientes a través de diferentes fases de su embudo de ventas, conjunto de productos u ofertas de servicios. La idea es hacer que los clientes asciendan en la escala de valor, comenzando con una oferta de bajo costo o incluso gratuita e introduciendo gradualmente productos o servicios de mayor valor y más caros con el tiempo.

Un Modelo de Ascensión normalmente sigue estas fases:

1. **Conciencia:** Aquí es cuando un potencial cliente toma conocimiento por primera vez de tu marca, producto o servicio, generalmente a través del marketing de contenidos, las redes sociales u otros canales publicitarios.

2. **Compromiso:** Aquí, el potencial cliente interactúa con tu marca, ya sea consumiendo tu contenido, suscribiéndose a tu lista de correo electrónico o siguiéndote en las redes sociales.

3. **Ascensión:** Esta fase implica ofrecer al cliente un producto de bajo costo o incluso gratuito (también conocido como trampa),

seguido de ventas adicionales y ventas cruzadas de productos o servicios más caros.

4. **Promoción:** Una vez que un cliente ha ascendido a la cima de la escala de valor, es probable que se convierta en defensor de la marca, promocione su negocio entre otros y, a menudo, genere referencias.

Un Modelo de Ascensión es fundamental por diferentes razones:

1. **Maximiza el Valor para el Cliente:** Ascendiendo gradualmente a los clientes en la escala de valor, puede maximizar el valor de cada cliente y obtener más ingresos de cada cliente a lo largo de su vida.

2. **Genera Confianza:** Empiezas con ofertas de menor costo puedes ayudar a generar confianza y credibilidad con los clientes antes de pedirles que se comprometan con productos o servicios de mayor precio.

3. **Reduce el Riesgo:** Para el cliente, empezar con una oferta de menor costo minimiza el riesgo de comprar una nueva marca. Este modelo puede filtrar potenciales clientes de menor calidad para la empresa, centrándose en los clientes dispuestos a invertir en productos o servicios de mayor valor.

4. **Mejora las Tasas de Conversión:** Un Modelo de Ascensión puede ayudar a mejorar las tasas de conversión al dirigirse a los clientes con las ofertas correctas en el momento adecuado. Comprendiendo en qué punto del proceso de ascenso se encuentra un cliente, puede adaptar sus mensajes de marketing a tus necesidades, lo que aumenta las probabilidades de que

realice una conversión.

En general, el Modelo Ascensión es una herramienta poderosa para aumentar los ingresos, mejorar la retención de clientes y construir relaciones más sólidas con los clientes. Es particularmente efectivo para convertir a personas indecisas, ya que comienza pidiendo un compromiso menor y gradualmente avanza hacia obligaciones más significativas, reduciendo el riesgo percibido y generando confianza a lo largo del camino.

El capítulo nueve nos iluminó sobre el arte por excelencia de cerrar una venta. Este paso fundamental en el proceso de ventas a menudo se considera desalentador. Aún, es fundamentalmente un diálogo entre dos partes con deseos y objetivos diferentes. Analizamos varias técnicas de cierre, cada una con ventajas y usos según el escenario de venta único. Estas técnicas van desde el cierre supuesto, que utiliza el tiempo presente para establecer un sentido de inversión, hasta el cierre del sueño futuro, que vende una visión de un futuro mejor utilizando nuestro producto. Además abordamos el Modelo de Ascensión, una herramienta vital en el arsenal de cualquier vendedor que nos permite maximizar el valor para el cliente a lo largo del tiempo. Recuerde, las ventas no se tratan de engaños o manipulación. Se trata de ofrecer; valor genuino, abordar inquietudes, construir relaciones y ayudar a los clientes a alcanzar tus objetivos.

🔑 Punto Clave:

1. **Técnicas de Cierre:** El capítulo exploró una variedad de técnicas de cierre. Dominar estas técnicas es fundamental para el éxito de las ventas. Los cierres de supuesto, escasez, pregunta, favor, suave, resumen, pesadilla futura, sueño futuro, reversa instantánea y etiqueta y eliminación tienen sus propias fortalezas, y entender cuándo usarlos puede aumentar drásticamente la efectividad de las ventas.

2. **Importancia de Preguntar:** Si no preguntas, no recibes. Esto subraya la importancia de buscar la venta. Sin embargo, esto debe hacerse de manera apropiada y respetuosa, teniendo en cuenta que el cliente potencial puede haber escuchado muchos argumentos de venta y puede resistirse a cierres viejos y desgastados. Los clientes tienen más experiencia en el proceso de ventas y son más reflexivos a la hora de elegir un proveedor de servicios. Pueden elegir en un mercado global.

3. **El Modelo de Ascensión:** Un método eficaz para 'ascender' gradualmente a los clientes a través de diferentes fases del proceso de ventas. Esta estrategia genera confianza y reduce el riesgo, comenzando con una oferta de bajo costo e introduciendo lentamente productos o servicios de mayor valor y más caros con el tiempo. Este método puede maximizar el valor de cada cliente, mejorar las tasas de conversión y construir relaciones más sólidas con los clientes.

CAPÍTULO DIEZ

TODO ESTÁ EN EL SEGUIMIENTO

Como hemos dicho al principio de este libro, la razón principal por la que la gente te comprará es la relación; ¿recuerdas en el capítulo dos cuando analizamos la diferencia entre los dos empleados de BMW? Con uno me habría ido felizmente a tomar una pinta y cruzaría la calle para evitar el otro. Es así de simple. ¿Por qué? Porque uno de ellos era arrogante.

Terminamos comprando un BMW ese mes, sin embargo no en ese concesionario. ¿Qué tan malos fueron? Ni una sola pieza de seguimiento.

El follow-up es tu responsabilidad. Es una parte esencial del proceso de ventas. Es tan importante como aprender qué preguntas hacer, escuchar y tener un fantástico conocimiento del producto. La disciplina del follow-up es crucial. No tiene trasladarse al final del mes/trimestre porque de repente se acordó de ese cliente. Esto es como ser elegido el último para un juego de deportes o el último para el baile de la escuela. Apesta a desesperación y no tiene buena pinta.

En este capítulo veremos ocho diferentes cosas:

1. Entender las fases de una venta
2. Tener un plan de follow-up
3. La segunda fundamental reunión
4. Correos electrónicos
5. Fantasmas
6. Vídeo
7. Llamadas
8. Textos

1. Entender las fases de una venta

A veces podemos subestimar la relación y no nos esforzamos bastante. Recuerde que estamos tan acostumbrados a este proceso que lo hemos pasado cientos de veces, sin embargo, podrían ser las primeras fases para nuestro potencial cliente.

Aquí hay algo que quiero que reflexiones: si estoy vendiendo un producto o servicio y, como potencial cliente, quieres comprar algo, ¿quién es responsable de concluir la venta? Soy yo, el vendedor. Hasta el momento en que le digan que no, depende de usted completar el trato.

No importa lo que vendas, el elemento que marca la diferencia es el servicio. Por lo tanto, asegúrate de comunicarse y permitir que el cliente haga preguntas. Puede que sea la segunda o tercera vez que respondas la misma pregunta, pero es posible que te responda una que nunca antes habías escuchado. Algunas personas necesitan más cuidados y atención que otras.

Piense en un grupo de personas que intentan cruzar una calle. Algunos niños pequeños, adolescentes, veinteañeros, cuarenta y tantos y ancianos, ¿esperaría que todos cruzaran una calle muy transitada al mismo tiempo? Claro que no, y lo mismo ocurre con sus clientes. Recuerde que este es un puesto de tiempo completo para usted. Esta puede ser la primera vez que mantienen este tipo de relación.

Así que tómatelo con calma y ten paciencia.

Asegúrate de enviarles los materiales pertinentes; recuerde que le resultó confuso revisarlos las primeras veces, entonces, ¿por qué sería diferente para un cliente? Tendrán que digerir y procesar esa información. Por eso a veces hay que tener paciencia.

Una vez que les hayas enviado toda la información que solicitaron, continúa con un mensaje de texto a su teléfono móvil. Tiene muchas posibilidades de que el correo electrónico entregado llegue a la carpeta de spam; o puedes negarlo, así que hazles saber que es posible que tengan que buscarlo.

Les has enviado el correo electrónico y un mensaje de texto. Felicitaciones, ahora tiene un flujo de información por dos canales; a algunos les gusta hablar, a otros les gusta enviar mensajes de texto, a otros les gustan los correos electrónicos. El correo electrónico será el método más popular, especialmente si se trata de una relación larga o representa un compromiso financiero considerable.

Este proceso puede resultar frustrante. El mejor resultado para usted sería cerrar el trato en la primera llamada. Sin embargo, esa es la minoría de las transacciones. Tenemos que observar la multitud de factores en la línea de tiempo.

1. ¿Han completado la debida diligencia sobre ti y tu empresa?
2. ¿Están buscando proveedores alternativos? La competencia está en todas partes.
3. ¿Han estado pensando en lo que dijeron en la llamada y quieren hacerlo ellos mismos?
4. ¿Ya están conversando con otro proveedor?
5. ¿Fue esta una llamada preventiva o exploratoria?
6. ¿Están esperando a que se liberen los fondos?
7. Falta de urgencia: es posible que no vean la compra como inmediatamente necesaria.
8. Factores externos como las fluctuaciones del mercado.
9. Necesitan más convicciones. Es posible que necesiten algunas métricas adicionales o garantías de su parte.
10. Objeciones no resueltas o nuevas: podrían tener dudas persistentes que no han compartido contigo.

La lista continúa y estos son sólo los relacionados con los negocios. Es posible que tengan una vida hogareña agitada, cónyuge, hijos y vacaciones en el horizonte. Lo importante es que siguen interesados y no han dicho que no.

Los vendedores pueden ser impacientes. Sentimos que hemos terminado el trabajo y ¿por qué no hacerlo? Avanza, siga sirviendo a los clientes, aportando valor, sin tomarlo como algo personal. Aún es temprano en la relación y recuerda que no los estás acosando ni molestando. Mantenga abiertas las líneas de comunicación y recuerde que es posible que no se muevan tan rápido como te gustaría.

2. Tener un plan de follow-up

- ¿Qué canales vas a utilizar?
- ¿Cuál es el propósito del contenido que estás compartiendo?
- ¿Cuál es la frecuencia de estas comunicaciones?

Necesitamos recordarle al cliente por qué se puso en contacto, cuál era su necesidad, cuál era su deseo, ¿ha cambiado? No. Pues ¡genial!, eso te dará una idea de qué deberías hablar. Algunas personas envían correos electrónicos de seguimiento con el asunto "¿Por qué no has comprado mi producto?" ¡No hagas eso!

Prueba estos tres:

Reflexionando sobre nuestra última charla
Expresa una conducta reflexiva, demostrando que has estado considerando las discusiones anteriores.

Explorando juntos los próximos pasos
Esto comunica un espíritu cooperativo y de avance sin presionar demasiado.

Una rápida idea después de nuestra reunión

Sugiere que la conversación generó algunas ideas que vale la pena compartir, lo que implica valor para reabrir el diálogo.

Cuando se trata de la comunicación posterior a la reunión, debes ser más rápido que una bala. Primero en servicio. Quieres usar la conmoción y el asombro. Demuestre cuánto le importa y cuán eficiente es. ¿Por qué? Porque eres un profesional.

Lo complicado de cada seguimiento es asegurarse de ofrecer valor en la comunicación. Si tienes algo interesante, valioso y personalizado que cree que beneficiaría al cliente potencial, envíelo. Piensa en la cultivación y maduración de la relación.

En esta fase, los vendedores no profesionales lo posponen porque consideran que la relación es mala; creen que el cliente los ha rechazado o los está engañando.

Es comprensible que no quieran volver a pisar ese rastrillo de jardín, ese trozo de Lego o ese enchufe. Es completamente natural cuando lo rompes, pero recuerda que ya tienes una relación con esa persona y sin saber la cantidad de cosas que pueden estar ocurriendo, y mucho menos las que no.

Sólo puedes ser consciente de algunos de los factores o situaciones de fondo que están sucediendo.

La mejor manera de superar el proceso y hacerlo lo más divertido posible es programar tiempo en su diario para actividades de seguimiento. Imagínese si los llama y se disculpan, le dicen que querían comprar, sin embargo que no tenían tiempo en su agenda para hacerlo. Es espacio de cabeza emocional, recursos financieros y tiempo para llevar a cabo esfuerzos específicos. Véalo desde su perspectiva, no la suya. Verías el proceso de una manera completamente diferente, así que cambiemos nuestra forma de pensar; eso es todo lo que es.

3. La segunda fundamental reunión

Asegúrate de programar la hora, la fecha y la duración de tu segunda reunión al final de la primera. Es más fácil proponer una hora y una fecha y preguntar si funciona, en lugar de enviarles una lista de horarios y pedirles que actúen y reserven un espacio. Haga esto lo más fácil posible. Estás ahí para ayudarlos durante el proceso; asegúrate de tener abierta esa información y el software adecuado antes de comenzar la llamada. ¿Recuerdas lo que dijimos sobre 'ooh ah y uhm'? Garantiza de tenerlo listo para hacerlo funcionar. Imagine el cambio de energía si tienes que esperar para cargar el software o volver a iniciar sesión.

Tienes que confirmar los desafíos inmediatos y el interés por solucionarlos. Este también es el momento perfecto para establecer si necesitan traer a alguien más en la segunda llamada. Si no puedes lograr que la segunda persona se una a la llamada, asegúrate de que tenga toda la información relevante.

Además tienes que acordar verbalmente cualquier otra cosa que puedan necesitar. Cuanto más rápido lo sepas, más rápido podrás entregarlo. ¿Es una lista de proyecciones financieras, un elenco de clientes a quienes contactar para obtener testimonios en persona? Sea lo que sea, asegúrate de que tengan todo lo que necesitan, pregúnteles si hay algo más que pueda proporcionarles o responder por ellos.

Supongamos que siente que la venta es inminente y que los datos son puramente una formalidad. En ese caso, puedes ser presuntivo con tu idioma.

"Verás en la información que te enviaré que trata todos tus

problemas/obstáculos. Te va a encantar. No puedo esperar para que empieces".

Veamos cómo concluye la llamada. Una escuela de pensamiento sugiere que deberías dejarlos hablando de algo más que de negocios, ya que esto te hace parecer más amigable y que se trata más de una relación personal que de una llamada de ventas. Eso no está bien y no es profesional. Quiere que abandonen la llamada sintiéndose intrigados, entusiasmados y emocionados. Déjelos con esa energía y estarán más dispuestos a revisar cualquier material que envíe con propósito y determinación. Sin duda suena más profesional que hablar de pizza, ir en bicicleta o ir a Ikea.

4. Correos electrónicos

"Fue maravilloso saber más sobre ti, tu empresa y los desafíos que tienes que enfrentar. Te envié los detalles que discutimos y los términos y condiciones que solicitó.

Hablamos contigo el viernes a las 10:00 am. Mientras tanto, si tienes alguna pregunta, no dudes en ponerte en contacto con nosotros".

Estamos construyendo una interacción, abriendo líneas de comunicación, manteniendo el contacto y atendiéndolos. Sin embargo, recuerda que es tu responsabilidad cerrar la venta.

Cuando envíes un correo electrónico, hazlo personal. Espero que utilice un formato/plantilla, pero asegúrate de discutir tus problemas y esperanzas para el futuro. Utilice las palabras (me entendió, escuchó lo que le decía). Si han estado hablando de "problemas" y utilizas la palabra "obstáculos", se enfrentará a una desconexión emocional. Es un pequeño hábito que se puede desarrollar con grandes beneficios a largo plazo.

Asegúrate de que lo abran y lo lean

Use tu nombre en la línea de asunto o el nombre de su empresa, agradézcales por la reunión y hable más sobre su inquietud/consulta. El cuerpo del correo electrónico tiene que ser breve, a menos que esté desglosando toda la llamada; trate de mantener entre 3 y 5 párrafos y entre 3 y 4 líneas por párrafo. Lo hace agradable a la vista y a la cabeza. Si tiene problemas con la gramática o la ortografía, utilice algo como Grammarly o la app Hemingway. Recuerde, estamos aumentando nuestro nivel de profesionalismo.

Ahora has completado un ejercicio que la mayoría de los vendedores no harán. En esta fase, estoy listo para vender y comprarme algo. Envíeme un DM titulado *'email templates'* si deseas usar mis plantillas de correo electrónico: https://www.instagram.com/stephenrowanofficial/

El siguiente ingrediente, si lo deseas, es la velocidad con la que ejecutas estas fases. La rapidez es rey y reina. En el capítulo tres hablamos de la NASA. Es esencial llegar al cliente lo más rápido posible. La velocidad demuestra lo siguiente:

- Correo electrónico después de la reunión lo antes posible
- Envía un mensaje de texto después del correo electrónico para confirmar que lo han recibido y que cayó en el spam.
- Ingrese toda la información y los detalles posibles en el sistema CRM

- Si el tiempo lo permite, revisar la videollamada a doble velocidad siempre es bueno

- Envíe un correo electrónico 48 horas antes de la segunda reunión para preguntar si desean que se prepare o envíe información adicional.

- Envíe un correo electrónico 24 horas antes de la reunión con el enlace de Zoom

- Mensaje de texto 30 minutos antes de la reunión con el enlace de Zoom

- Monitoreas y respondes a cualquier comunicación.

5. ¡Abucheo! ¡Soy un fantasma!

No se puede hablar de ventas sin un follow-up, y tampoco se puede hablar de ninguna de las dos sin hablar de fantasma. En el capítulo cinco hablamos sobre cómo desarrollar la confianza; algunos piensan que es más fácil ignorarte que decirte que no quieren tu producto. Ser un fantasma es algo muy común y lo primero que quiero que hagas es no tomártelo como personal.

Uno de los factores que contribuyen a la venta de tus productos y servicios es tomarse el rechazo como algo personal. Por favor, no lo hagas. Te ahorrarás mucho estrés si simplemente lo ignoras.

Todos vivimos vidas increíblemente ocupadas y la competencia por nuestra atención es más extrema e intensa que nunca. En algún momento, la oferta habrá sido el enfoque número uno para tu potencial cliente; sin embargo, es posible que esté mirando algunos objetos brillantes antes de venir.

Pregúntate cuántos files PDF sin abrir tiene en tu download folder. ¿Tienes cursos que no has empezado o completado? Por lo tanto, no se lo tome como algo personal cuando un cliente no te devuelve tu correo electrónico o falta a una reunión reservada previamente.

Entonces, ¿qué es exactamente un fantasma?

Es un potencial cliente que inicialmente muestra interés; sin embargo, desaparece y nunca más se sabe de él. Tal vez se hayan sumado a un programa de relocalización de testigos; sin embargo, lo más probable es que hayan cambiado de opinión o hayan perdido su entusiasmo original. Pase lo que pase, han dejado de responder llamadas, correos electrónicos, palomas mensajeras u otra forma de comunicación.

Aquí están las seis motivos principales por las que los prospectos pueden engañar:

1. **Pérdida de Interés:** Síndrome del nuevo objeto flamante
2. **Mejores Alternativas:** Relacionadas con el costo o la oferta
3. **Cambio de Prioridades:** Es posible que estén cambiando la forma en que abordarán un particular desafío o proyecto.
4. **Mal enfoque de ventas:** ¿Fuiste demasiado insistente? ¿Un mal comunicador? ¿No logró establecer una buena relación/confianza?
5. **Limitaciones de tiempo y recursos:** Es posible que en este momento estén demasiado ocupados con los negocios existentes.
6. **Dificultades en el tomar las decisiones:** Múltiples partes

interesadas/socios están tardando demasiado

7. **Cambios económicos:** Los cambios económicos inesperados o las restricciones presupuestarias pueden detener el proceso de compra sin un previo aviso.

8. **Desafíos internos:** Podrían estar lidiando con problemas internos, como reestructuración organizacional, cambios en la dirección o giros estratégicos, que momentáneamente han tomado prioridad.

9. **Falta de valor percibido:** Quizás deberían haber percibido el valor esperado o el ROI de tu producto o servicio durante las discusiones; sin embargo, no lo entendieron.

10. **Interferencia del competidor:** Un competidor podría haberse lanzado con una oferta o propuesta de último momento que le ha hecho reconsiderar su decisión.

Entonces, ¿cómo se pueden prevenir las imágenes fantasma?

Construya relaciones concretas – Asegúrate de hacer algo más que vender un producto o servicio. He tenido clientes que se incorporaron después de un período de silencio de radio; sin embargo, no se sintieron raros por no comunicarse conmigo antes de eso.

Sea transparente – Tenga claro cuáles son los próximos pasos en el proceso, para que el potencial cliente sepa qué esperar.

Proporcionar valor. Tu potencial cliente estará más comprometido si continúa aportando algo beneficioso.

Califique a tus clientes potenciales – Si el potencial cliente no es el sujeto ideal, entonces no tiene sentido calificarlos; asegúrate de que sean adecuados para ti.

Entonces, ¿qué puedes hacer para convertirte o volver a conectar con la persona adecuada?

Comunícate en diferentes momentos. Si un potencial cliente se ha quedado en silencio, intente contactarlo en diferentes momentos durante el día o durante la semana. Claro, las 3 de la madrugada de un domingo no es posible.

Use distintos canales de comunicación si los correos electrónicos no funcionan. Intente enviar mensajes de texto, llamadas, WhatsApp o DM. Sea temerario, resiliente y no lo tome como algo personal.

Solicite comentarios. Pídeles si alguna parte de la comunicación les pareció poco clara, si esperaban más o si puede descubrir algún aspecto de la comunicación que simplemente no fluyó o no llegó a ellos. Tome todos estos comentarios de manera positiva y siga.

Analiza y aprende. Si puedes identificar que es el mismo problema recurrente, intentes hacer algunos ajustes. Aquí es donde ser resiliente y seguro te ayudará.

No todos los potenciales clientes se convertirán en una venta. El efecto fantasma es un fenómeno común en las ventas, puedes minimizarlo; sin embargo, nunca eliminarlo.

6. Video

Una de las formas más interesantes de calentar a un potencial cliente es enviarle un mensaje de vídeo. Es único, no se ha hecho hasta la muerte y demuestra que te preocupas. Recuerde que es tu responsabilidad cerrar una venta. Si están indecisos, es posible que esto simplemente los influya. En cualquier manera, lo separará de tu capacidad y el video tiene una alta tasa de éxito para reiniciar las interacciones. Todos recibimos muchos correos electrónicos y mensajes de texto; sin embargo, menos llamadas y una cantidad mínima de mensajes de video.

No tienes que complicarlo – ¡no eres Quentin Tarantino! Quizás esté leyendo esto, ¿quién sabe? Los dos consejos que te daré son:

Use un tripié. No tienes que gastar mucho dinero. Dispárelo en forma horizontal, si lo ven en una computadora portátil, se verá mejor, y si lo ven en el teléfono, pueden girar el teléfono de lado.

Este script es sencillo y favorable.

Hola Stephen

¿Cómo estás? Sólo quería comprobar que recibiste toda la información que solicitaste; hágamelo saber si aún necesitas ayuda con (inserte preocupación/motivo de la consulta).
Me encantaría charlar contigo y saber si hay algo más que podamos hacer por ti.

Hablar pronto,
Stephen

Quizás quieras probar el siguiente script si buscas algo más considerable y con un poquito más de fervor.

Hola, Stephen.

¡Espero que lo estés haciendo bien! He decidido de comunicar contigo porque valoramos nuestras interacciones y queremos asegurarnos de que todas las consultas e inquietudes se hayan abordado adecuadamente. ¿La información que le enviamos se alinea con lo que estaba buscando con respecto a [específica preocupación/motivo de la consulta]?

Pongámonos al día pronto - tus comentarios son inapreciables y estamos aquí para ayudarlo en cada paso del paseo. Si hay algo específico que te gustaría explorar más a fondo o si han surgido nuevas preguntas, escríbame. Tu éxito y claridad en [correspondiente tema/industria] son fundamentales para nosotros.

Espero continuar nuestro diálogo.

Un cordial saludo,
Stephen

Tendrá tu propia voz, tono y relaciones con tus potenciales clientes, así que tómate el tiempo para elaborar tu propio mensaje único. Recuerde que cuanto más a menudo complete la grabación, más fácil y fluida será.

Asunto: Actualizaciones Interesantes y Nuevas Ofertas

Hola Stephen,

Estoy atravesando una semana muy estimulante en [Nombre de tu Empresa] y no podías esperar para compartir los rumores contigo. Hemos analizado [breve descripción de un nuevo producto/característica/actualización] y el potencial que ofreces, especialmente para empresas/entrenadores como ti.

Me encantaría ponerme al día en frente, guiarlo a través de nuevos desarrollos y sumergirme en tus pensamientos. Tus ideas durante nuestra última charla fueron acertadas y se han quedado conmigo.

Cuando estés listo para hablar, aquí tienes un enlace directo a mi calendario: https://calendly.com/meetvisual

¡Espero ponernos al día y explorar nuevas posibilidades juntos!

Hasta pronto,
Stephen
En esta versión, el mensaje fluye suavemente, mantiene un tono amigable y anticipatorio, reconoce las interacciones previas de manera genuina, proporcionando un camino claro y trasparente para los siguientes pasos sin hacer repeticiones.

7. Llamadas

Recuerde, estamos atendiendo a nuestros clientes y asumiendo nuestra responsabilidad como vendedor profesional. Lo mismo ocurre con las llamadas telefónicas.

Cuando marcas ese número, serás mejor que sepas todo sobre el cliente porque si contesta y no estás preparado, no terminará bien. Entonces, revisa tus notas, revisa el CRM, vuelve a ver la videollamada si tienes tiempo y luego inicia la conversación identificándote. Continúe la conversación desde donde la dejó:

"Te llamo para saber si todavía tienes ese problema que enfrentabas; hemos descubierto que una de las formas más rápidas de rectificar esto es el método uno, dos y tres.

La última vez que hablamos, discutimos la mejor manera de ayudar a satisfacer sus necesidades. ¿Aún desea resolver ese problema, le gustaría seguir adelante con la solución que discutimos o le gustaría tener otra reunión para discutirlo?

Si necesitas dejar un mensaje de voz, siga este mismo esquema, no divague y termine con "Hasta pronto".

Recuerdo un momento en el que un potencial cliente en particular se mostró muy interesado durante la primera reunión. Ella había aceptado y reservado una segunda reunión para empezar la incorporación.

¡Entonces ella simplemente desapareció!

Lo atribuyo a un cambio de idea. Seguí mi práctica habitual de volver a comprometerme y luego ella volvió a ponerse en contacto.

Cada cliente es diferente y tienes que finalizar una llamada o una reunión con un llamado a la acción claro.

18 meses después sigue siendo cliente. Entonces, ¿qué hubiera pasado si no hubiera hecho el seguimiento? No es una gran cantidad de trabajo pasar por el proceso. Tenga un sistema repetible que funcione y manténgalo.

8. Textos

Cuando se trata de enviar mensajes de texto, asegúrate de que el cliente te haya dado tu número en tu primera reunión. Asegúrate de que los textos sean amables y alegres. "Oye, ¿dónde has estado?" No es una buena idea.

Corrige tu ortografía.

Use una 'propuesta para la acción', no una 'llamada a la acción'. Recuerda que el humor y la hilaridad que tienes con tus amigos no son aceptables en una situación de negocios.

Solo envíe mensajes de texto dentro del horario comercial habitual, a menos que ellos lo inicien. Lo corto es dulce y lo dulce es bueno. La única excepción es cuando el cliente te envía un texto enorme; considere tener mensajes en su escritorio.

Hemos cubierto por qué, cómo y qué tienes que hacer para un follow-up. Piense en esto como una posproducción. Programa tu follow-up para que puedas sistematizar y automatizar.

Simplemente requiere más información que un texto aleatorio o un correo electrónico esporádico.

Sea sistemático, disciplinado, paciente y, lo más importante, diviértete.

La columna vertebral de este capítulo, y se podría decir que es el punto crucial de las ventas exitosas, gira en torno a un proceso de seguimiento diligente. Puede marcar la diferencia entre un acuerdo exitoso y una oportunidad perdida. Los follow-up, ya sea a través de llamadas telefónicas, correos electrónicos o incluso mensajes de texto, demuestran su vocación, profesionalismo y eficiencia.

Los follow-up tienen dos finalidades. Fomentan suavemente una potencial venta, mientras incrementan y mantienen relaciones con los clientes potenciales. Es el núcleo a través del cual entendemos y atendemos las necesidades de nuestros clientes, sin dejar de ser conscientes de sus plazos y circunstancias. Este enfoque centrado en el cliente eleva al vendedor de una figura transaccional a un asesor confiable, comprometido con el éxito del cliente.

Sin embargo, es crucial recordar que este proceso requiere paciencia, flexibilidad y resiliencia. Hay casos en los que los prospectos te engañen o muestren falta de interés; sin embargo, es fundamental no tomar esto como algo personal. En lugar de este, utilícelos como experiencias de aprendizaje, oportunidades para perfeccionar el planteamiento, calificando mejor a tus potenciales clientes.

🔑 Puntos Clave:

1. **Los follow-up son indispensables:** Ya sea a través de correos electrónicos, llamadas, mensajes de texto o reuniones, el follow-

up es una parte integral del proceso de ventas. Demuestran tu dedicación y cuidado hacia tu cliente, dándote una ventaja sobre las competidores.

2. **Equilibrio entre perseverancia y paciencia:** Si bien un juego de follow-up concreto es crucial, la paciencia y la comprensión del cronograma del cliente son igualmente esenciales. Se debe equilibrar la persistencia para dar al cliente espacio para tomar decisiones.

3. **Aprender de los fantasmas:** Cuando los clientes se quedan en silencio o el 'fantasma', no siempre refleja tu servicio o producto. Diferentes factores podrían llevar a esto y, en lugar de tomárselo como algo personal, utilícelo como una oportunidad para perfeccionar su enfoque y aprender más sobre el comportamiento de su cliente.

CONCLUSIÓN

¡Felicitaciones!

Has aguantado hasta el final y has terminado mi libro, así que gracias por terminarlo. En segundo lugar, bien hecho. Esto muestra un compromiso con su educación continua y, con suerte, mis escritos y mis pensamientos te han resultado agradables.

Este es solamente el primer paso para transformar tu carrera de ventas. El panorama es muy rico en oportunidades: crecimiento de ingresos, relaciones comerciales duraderas, promociones y el potencial de crear la vida que ha imaginado. Una perspectiva interesante.

Si puedes estudiar y dominar todas las ideas de este libro, estarás bien encaminado para alcanzar tus objetivos profesionales y financieros.

Este libro es tu plan de trabajo para cerrar acuerdos con clientes sobre los productos adecuados de manera consistente.

Espero que estas páginas te hayan resultado importantes y entretenidas, desde consejos prácticos hasta anécdotas de mi adolescencia y mis primeros emprendimientos comerciales. ¡Apuesto a que no olvidarás rápidamente el incidente del surtidor de gasolina!

Recuerde, terminar este libro es sólo el inicio. Manténgalo cerca, revise sus principios y observe cómo su carrera de ventas avanza. Estoy deseando escuchar sobre tu progreso.

¡Disfruta el viaje!

Siéntete libre de escribirme en las redes sociales si tienes preguntas, necesitas más orientación o ve una oportunidad para que trabajemos juntos. Estoy aquí.

Capítulo Uno: Analizamos las percepciones y la realidad de los vendedores profesionales, entendiendo a los clientes y cómo lidiar con los problemas.

Capítulo Dos: El refuerzo y desarrollo de tu mente para afrontar las ventas.

Capítulo Tres: La importancia de un sistema de ventas y lo que debería contener, y por qué las personas más exitosas tienen uno.

Capítulo Cuatro: Cómo desarrollar tus capacidades para escuchar y aumentar tu comprensión de las necesidades de los clientes.

Capítulo Cinco: Desarrollar tu confianza y cambiar la forma en que te ven los demás.

Capítulo Seis: Desarrollar las habilidades de ventas, identificando dónde eres débil y convirtiéndolo en una fortaleza.

Capítulo Siete: Entender las soluciones que tienes para ofrecer y ayudarte a comunicarlas a tu mercado.

Capítulo Ocho: Entender las objeciones y convertirlas en un aliado.

Capítulo Nueve: Técnicas de cierre conversacional que tienen flujo y resultados positivos.

Capítulo Diez: El proceso más efectivo para dar seguimiento a tus clientes.

Ponte en comunicación conmigo. Te invito a unirte a mí en nuestros canales sociales y compartir conmigo instantáneas de tu libro. Me encantaría saber de ti, especialmente si tienes alguna pregunta o duda.

https://linktr.ee/salesmindsetandbusiness

¿Qué sigue para ti?

¡Felicitaciones por Lograr Este Acontecimiento!

Has navegado por cada capítulo y se has sumergido en las estrategias de este libro. Tu viaje no es terminado te puede catapultar a un ámbito donde tu trayectoria de ventas está destinada a elevarse.

Tu Camino Hacia la Maestría Acaba de Empezar

Este libro es tu plan de trabajo preliminar para cerrar los acuerdos consistentemente. Ahora la narrativa evoluciona desde la absorción de conocimientos hasta tu app en escenarios del mundo real.

¿Qué sigue? ¡Tu viaje personalizado!

Su camino a seguir está repleto de programas personalizados diseñados teniendo en cuenta su viaje único.

Plazas Limitadas, Atención Firme

Doy la bienvenida a un grupo selecto cada trimestre, lo que garantiza una experiencia personalizada, reveladora y de apoyo para usted.

¿Listo para Mejorar tu Juego de Ventas?

Ésta es la señal para pasar de la teoría a la práctica triunfante. Su próximo capítulo, con éxitos e hitos de aprendizaje, está listo para escribir un buen guion.

Reserve una Reunión Gratuita de 15 Minutos

Aquí: https://calendly.com/take-your-coaching-business-to-the-next-level/15min?month=2023-10

☞ **Visite mi Sitio Web Para Obtener Más Información:**

https://linktr.ee/salesmindsetandbusiness

☞ **Descargue Mis Recursos Gratuitos Para Mantener el Impulso:** https://bit.ly/408A3lD

Tu viaje desde aquí se traza con estrategias personalizadas y se enriquece con conversaciones sinceras. Juntos, hagamos que su viaje de ventas sea exitoso pero también estimulante y gratificante.

Por una floreciente aventura de ventas,

Stephen

INFORMACIÓN SOBRE EL AUTOR

Stephen Ritchie Rowan es un experto en estrategias y ventas para suportar a todos los entrenadores y consultores a redefinir el enfoque de las ventas. Con una carrera diferente que va desde *Sales Executive* para una *Close Protection Officer*, Stephen aporta una perspectiva única. Su novedosa filosofía de ventas está llena de experiencias enriquecedoras, una profunda comprensión de la condición humana y una firme creencia en el mantenimiento de una alcance moral en las ventas. La dinámica personalidad de Stephen y su pasión personal por el crecimiento personal brillan a través de su trabajo, inspirando a otros a encontrar confianza y autoestima en sus trayectorias profesionales.

www.ingramcontent.com/pod-product-compliance
Lightning Source LLC
Chambersburg PA
CBHW060036210326
41520CB00009B/1157